Agradecimientos

El Mejor Plan de Negocios Del Mundo fue un proyecto desafiante debido a su formato, ya que quería que este libro sea simple y fácil de entender. Esto significaba la necesidad de tener un diseñador gráfico para trabajar paso a paso conmigo durante todo el proyecto. Esto me permitió hacer que sea *el libro de planes de negocios más práctico y fácil de entender*, así que me gustaría agradecer a mi diseñador gráfico que aguantó un sinfín de cambios para obtener lo que creo que es el mejor plan de negocios ¡en el mundo! Por eso, quiero agradecer a Michael Lovdal por todo su esfuerzo.

Por último quiero agradecer a mi hijo Collin, quien no solo me introdujo a las redes sociales, produce mi podcast y ayuda con mi plataforma sino también soportó el sinfín de cambios e ideas que tuve para este libro.

TABLE OF CONTENTS

CAPÍTULOS DE BONIFICACIÓN

1 ¿Por qué es este el Único Plan de Negocios que Necesitas?

Después de haber comprado y leído TODOS los libros de planes de negocios en la primera página de Amazon titulado *Cómo Escribir un Plan de Negocios.* Estaba agotado por su longitud, que contienen innumerables ejercicios sin valor.

> *"Si fallas al preparar, te estás preparando para fallar."*
> — *Benjamin Franklin*

Este plan de negocios realmente funciona y elimina

ejercicios que son una pérdida de tiempo. Por ejemplo,

una proyección financiera, lo que crees que tu empresa generará, es una fantasía. *Esto no puede ser proyectado con precisión por nadie.*

He iniciado más de 20 empresas y nunca he tenido una proyección que estaba cerca de lo que pensaba que generaríamos. Siempre era más de lo que esperaba (que es perfecto) o mucho menos, lo que significó que necesitaba cambiar algo (y rápido). Aprendí a través de 5 startups que lo que podía planear era: mis costos de inicio—con cierto grado de precisión—y mis costos de operación. Este es sólo un ejemplo de cómo este plan funciona y es simple, pero para clarificar—¡es *EL MEJOR PLAN DE NEGOCIOS DEL MUNDO!* **Realmente funciona.**

2 ¿Qué es un Plan de Negocios?

Un plan de negocios es un documento escrito que describe en detalle cómo un negocio—generalmente uno nuevo—va a lograr sus objetivos.

> *"Un plan de negocios establece un plan escrito del punto de vista comercial, financiero y operativo. Un plan de negocios es importante debido a que permite que una empresa establezca sus objetivos y atraiga inversiones."*
>
> — *Investopedia*

Un **plan de negocios** es un mapa que proporciona direcciones para que una empresa pueda planificar su futuro y ayude a evitar golpes a lo largo del camino. También puede evitar que sigas con algo que seguramente, será una mala idea según la información revelada en el plan de negocios.

⚠️ ¡ADVERTENCIA!

Personalmente he estado muy emocionado con una idea de negocio, pero después del proceso del plan de negocio y específicamente cuando he investigado sobre la competencia y los precios, he determinado que el mercado en mi área estaba sobresaturado o que el precio no podía ser lo suficiente como para hacer que el beneficio sea lo que necesitariamos para que esto sea una empresa atractiva.

Por último, he visto todas las señales correctas y luego cuando estaba determinando a QUIÉN necesitaría para lanzar y operar esta nueva empresa fue como buscar a una cebra sin rayas. Contratar al talento que necesitaba por donde yo estaba situado iba a ser casi imposible y de nuevo me di cuenta que no debía seguir adelante con este negocio.

No te enamores tanto de tu idea de negocio que no permitas que la información que encuentras mientras estás haciendo el plan de negocios te alerte a que tu idea tiene debilidades que deben gritar "esta idea no está lista para el mercado."

3 ¿Por qué Necesitas un Plan de Negocios?

MAYORES POSIBILIDADES DE ÉXITO

Ha sido probado que un plan de negocios te da mayores posibilidades de éxito.

> *"Una visión clara respaldada por planes definidos, te da una tremenda sensación de confianza y poder personal."*
>
> — *Brian Tracy*

El fundador de Palo Alto Software, Tim Berry informó recientemente algunos datos nuevos que muestran el valor de los planes de negocio. Palo Alto, hizo una encuesta que preguntó a miles de los usuarios de su Business Plan Pro software sobre sus negocios, objetivos y la planificación empresarial. Las respuestas mostraron que *los que completaron un plan de negocios tenían casi el doble de chance de tener éxito* u obtener capital a comparación de aquellos que no completaron un plan.

¿Por qué Necesitas un Plan de Negocios?

Un estudio publicado en 2010 en el *Journal of Business Venturing* compartió unas investigaciónes agregadas sobre el crecimiento empresarial de 11,046 empresas que demostró que la planificación mejoró el rendimiento del negocio en un 30%.

En un estudio para determinar el valor de un plan de negocios que fue destacado en Entrepreneur por Mark Henriks, William Bygrave, un profesor emérito en la universidad de Babson, llegó a una conclusion impresionante: encontró que *escribir un plan dramáticamente aumentó la probabilidad de que alguien realmente inicie un negocio.*

De hecho, la conclusión fue que eres, "dos veces y medio más propensos a iniciar el negocio." El trabajo y la disciplina requerida para escribir un plan de negocios separa a aquellos que piensan que quieren ser un emprendedor de aquellos que serán emprendedores.

Por último, un estudio publicado en Small Business Economics encontró que los emprendedores que se toman el tiempo para crear un plan para su idea de negocio son 152 por ciento más propensos a iniciar un negocio. Es más, aquellos emprendedores con un plan son 129 por ciento más propensos a impulsar su negocio más allá de la fase inicial hasta crecerlo. Estos hallazgos son confirmados por otro estudio que encontró que los empresarios con un plan son 260 por ciento más propensos a iniciar sus negocios.

PROPORCIONA DIRECCIÓN

El plan de negocios es el modelo de tu negocio. Si quisieras construir una casa, no caminarías por un lote vacío y empezarías a unir tablas de madera. Comenzando un negocio sin un plan es igual de tonto. Como se construye una casa, se comienza con una imagen clara del resultado final, así como lo que se necesitará para llegar a este producto final. Esto incluye todas las personas, suministros, permisos y ordenes de los eventos requeridos para que este proyecto se realice a tiempo y dentro de su presupuesto . Piensa igual cuando construyas tu plan de negocios.

> *"Si no sabes a dónde vas, terminarás en otro lugar."*
>
> — *Yogi Berra*

REVELA DEBILIDADES POTENCIALES

Inversionista de capital de riesgo y pionero de Silicon Valley Eugene Kleiner declaró una vez que escribir un plan de negocios te obliga a pensar disciplinadamente. Una idea puede sonar muy bien, pero cuando escribes todos los detalles y números, puede caerse a pedazos.

Es mucho menos costoso encontrar un defecto en tu idea de negocio antes de comprometerte totalmente. No te cases con tu idea de negocio: deja que sea cuestionado por el proceso del plan de negocios y asesores cercanos de confianza.

> *"Una idea que no ha sido expuesta a tus críticos no es una idea que debe ser llevada al mercado."*
>
> — *Sean Castrina*

4 Plan de Negocios en una Servilleta

¿Te sorprendería saber que Southwest Airlines se inició con un plan muy crudamente **escrito en una servilleta**, describiendo la idea de una aerolínea intraestatal? Un piloto, Rollin King y el abogado Herb Kellerman dibujaron un diagrama simple que se parecía a un triángulo que mostraba los vuelos necesarios para lograr este plan.

Oprah Winfrey, durante la cena con el crítico de cine Roger Ebert, fue presentada a un plan de negocios en una servilleta también. Roger Ebert compartió con Oprah el poder de sindicar su programa de entrevistas en una servilleta. ¡Este plan se convertió en su imperio de mil millones de dólares!

No es el tamaño del plan de negocios que lo hace efectivo. Primero debe sobrepasar un obstáculo: ¿Crees que este plan funcionará? Abraham Lincoln una vez fue preguntado, "¿Qué tan largo crees que las piernas de un hombre deben ser? A lo que respondió: "Lo suficiente para llegar al suelo."

ESTO TAMBIÉN SE APLICA A UN PLAN DE NEGOCIOS

Sólo necesita cumplir algunas cosas importantes:

- ¿Te da **la confianza** de que esto funcionará?

- ¿Te da **un plan detallado** para lanzar y operar este negocio con éxito con **los costos estimados**?

- **¿A quién necesitarás** para operar con éxito este negocio y cuales roles desempeñarán?

5 Conoce los "3 Grandes"

1. LA INDUSTRIA   2. LOS CLIENTES   3. LA COMPETENCIA

Cuanto más sepas sobre *los 3 Grandes antes* de iniciar un negocio, mejor. Investigar y entender tus *3 Grandes* te proporcionará muchas respuestas necesarias para tu plan de negocios.

Cuéntame sobre tu industria:

_____

_____

_____

_____

_____

_____

PISTA

¿Qué es lo que te gusta de esta industria?
¿Es una industria en crecimiento o en cambio?
¿Te das cuenta de algún cambio en tu industria que se necesita hacer?

Cuéntame sobre tu cliente ideal.

_____

_____

_____

_____

_____

_____

_____

_____

PISTA *(Sé específico)*

⚠️ **¡ADVERTENCIA!**

Si no conoces a tu cliente, nunca vas a saber sus necesidades o la mejor manera de comercializarles.

Cuéntame sobre tu competencia:

_____

_____

_____

_____

_____

_____

_____

_____

_____

PISTA *(Aptitudes y Debilidades)*

👍 **CONSEJOS** ⌄

Si es posible, haz negocios con tu competencia antes de terminar tu plan de negocios. ¡Esto proporcionará una percepción valiosa!

Descarga la versión interactiva en PDF del plan de negocios gratis en un enlace secreto que es solamente para los compradores de El Mejor Plan de Negocios del Mundo:

WorldsGreatestBusinessPlan.com/download

INTERACTIVO

6 El Mejor Plan de Negocios del Mundo

Como el gran entrenador de fútbol americano Herman Edwards dijo, "Se juega para ganar el juego." Como un emprendedor lanzando un startup, sólo tienes 1 objetivo, SOBREVIVIR. Se aprende a caminar antes de correr y en el mundo de los startups, SOBREVIVIR es siempre el objetivo número uno.

1. ¿POR QUÉ QUIERES SER EMPRESARIO?

_____

_____

_____

_____

_____

_____

_____

PISTA *Tu "porque" te motivará cuando los tiempos se vuelvan difíciles así que esto tiene que ser fuerte y convincente.*

2. ¿POR QUÉ CREES QUE ESTA IDEA DE NEGOCIO TENDRÁ ÉXITO?

_____

_____

_____

_____

_____

_____

_____

_____

_____

PISTA *¿Qué parte de la idea inicial te pareció interesante? ¿Por qué?*

⚠ **¡ADVERTENCIA!** *Apoya esto con datos e información.*

PTI *Esta respuesta puede cambiar antes de terminar este plan de negocios.*

3. ¿QUÉ RECURSOS TE FALTAN PARA LANZAR Y CRECER TU EMPRESA?

_____

_____

_____

_____

_____

_____

PISTA _Ejemplos: Tiempo, Experiencia, Capital, Crédito_

PIENSA MÁS › _¿Cómo obtendrás estos recursos que te faltan?_

_____

_____

_____

_____

4. ¿QUÉ VENDES Y POR QUÉ?

_____

_____

_____

👍 **CONSEJOS ›** ****PRUEBA BETA* para Confirmar un Mercado Receptivo.***

> *"La vida es muy corta para construir algo que nadie quiere."*
>
> *— Ash Maurya*

⚠ **¡ADVERTENCIA!** *El 42% de los startups fallan porque no satisfacen una necesidad. —CBINSIGHTS*

La gente compra cuando tu: 💬 PISTA

- Resuelves un problema que que tu cliente crea que vale la pena pagar para resolver. (Ejemplos: Problemas de dormir y roncar, servicios del hogar, entre otros.)

- Satisfaces una necesidad (necesito un carro, necesito comestibles)

- Satisfaces un deseo (quiero unas vacaciones, quiero un BMW)

5. ¿QUIÉN ES TU COMPETENCIA?

🧠 PIENSA MÁS ⌄

¿Qué es lo que hacen bien?
¿Cuales son sus debilidades?
¿Cómo puedes ser diferente?
¿Cómo puedes ser mejor?

PTI *La competencia está bien si puedes
ser diferente o notablemente mejor.*

6. ¿POR QUÉ TUS CLIENTES TE COMPRARÍAN A TÍ EN VEZ DE A TU COMPETENCIA?

_____

_____

_____

_____

PTI Esta es tu **PROPUESTA DE VALOR EXCLUSIVA.**

PISTA Ejemplos: Tus precios son mejores, tu servicio y tu entrega son más rápidos, ofreces una garantía mejor o más larga, brindas una selección mejor, el producto tiene varios usos.

7. ¿CUÁNTO COBRARÁS POR TUS PRODUCTOS O SERVICIOS DEPENDIENDO LA INDUSTRIA Y LA COMPETENCIA?

_____

_____

_____

PISTA Por eso tienes que conocer a tu competencia.

8. ¿CUÁNTO VA A COSTAR PARA PRODUCIR Y PROPORCIONAR LO QUE ESTÁS OFRECIENDO A LOS CLIENTES?

PISTA *Ejemplos: La mano de obra, costo para producir o fabricar un producto.*

9. ¿CUALES SON TUS MARGENES DE GANANCIA?

PISTA *(Costo de producción) - (Precio del producto) = Margen*

⚠ ¡ADVERTENCIA!

Recuerda este margen de ganancia cuando estás determinando los costos de operación más adelante en este capítulo. El margen debe ser lo suficiente como para cubrir los costos de operación y proporcionar un margen de ganancia atractiva para tí y para los inversionistas.

> **"La cosa más importante que debes recordar es que debes conocer a tu audiencia. [Cliente objetivo.]**
>
> — *Lewis Howes*

10. DESCRIBE TU CLIENTE OBJETIVO

PISTA *(Piensa como un agente del FBI: edad, género, soltero o casado, entre otros.)*

PTI *Una vez que determines quién es tu cliente objetivo, esta persona es tu mercado (a quién le pondrás tus esfuerzos de marketing y ventas.)*

¿Cuál es el tamaño potencial del mercado?

_____

_____

_____

PISTA *¿Cuántos de tus clientes objetivos hay en tu área? ¿Cuántos de tus clientes objetivos están buscando tus productos y servicios?*

¿Cuál es el valor del cliente de por vida (VCV)?

_____

_____

PISTA *Esto es la cantidad de dinero que tus clientes gastarán en TODA SU VIDA en tus productos y servicios.*

⚠ ¡ADVERTENCIA!

No quieres un negocio que tenga un potencial de ventas única. (A menos que estés vendiendo artículos de precio alto como yates, islas o jets.) ¿Tu producto o servicio es algo que tu cliente objetivo necesitará continuamente?

11. ELIGE UN NOMBRE PARA TU NEGOCIO

Primera Opción

Segunda Opción

Tercera Opción

⚠️ ¡ADVERTENCIA!

- **¿Te pone limites?**

  (Geográficamente, genérico, entre otros.)

- **¿Es confuso?**

- **¿Está disponible?**

  (Compruebe el sitio web de la corporación estatal.)

- **¿Puedes obtener el dominio?**

12. ¿QUÉ NECESITO PARA INICIAR ESTA EMPRESA Y CUÁNTO VA A COSTAR?

_____

_____

_____

_____

_____

_____

_____

_____

_____

PISTA *Ejemplos: Cuenta de Banco, Servicios Mercantiles, Equipos de Oficina, Maquinaria, Almacenamiento, Servicio Telefónico, Configuración de Correo Electrónico, Sitio Web, Soporte Técnico. ¿Qué más?*

PTI *Esto se convierte en una lista masiva de tareas con costos y plazos. Tu lista será única para tu negocio.*

COSAS QUE HACER

ARTÍCULOS	COSTO	PLAZO

👍 CONSEJOS ❤

Sugiero que dividas esta lista masiva en tareas diarias (en grupos de tareas similares). Ejemplo: todas las cosas relacionadas con el dinero (cuenta de banco, paypal, servicios mercantiles) o configuración de la oficina, entre otros.

COSAS QUE HACER *(CON'T)*

ARTÍCULOS	COSTO	PLAZO

PISTA
Ejemplos: Equipos de oficina, maquinaria, equipo, almacenamiento, servicio telefónico, configuración de correo electrónico, sitio web, cuenta bancaria, servicios mercantiles, soporte técnico, entre otros.

13. PROTEGE A TU NEGOCIO Y A TÍ MISMO.

¿Cuáles son las pólizas de seguro que necesitas para proteger a tu negocio y a tí mismo?

PISTA *Seguro de Responsabilidad General, Seguro de Compensación del Trabajador, Seguro Paraguas, Errores y Omisiones. ¿Qué más?*

👍 CONSEJOS ⌄

Habla con un agente de seguros que tenga una buena reputación y experiencia trabajando con startups y empresas pequeñas.

⚠ ¡ADVERTENCIA!

¡Aprende LAS LEYES LABORALES de tu estado/área!

¿Necesitas solicitar alguna patente o marca registrada?

_____

_____

_____

_____

¿Necesitas algún contrato y/o acuerdo?

_____

_____

_____

_____

_____

_____

PISTA *Acuerdos de asociación, Contratos de Confidencialidad, Acuerdo Inhibitorio de la Competencia, Empleo. ¿Qué más?*

14. CÓMO ENCONTRARTE

☐ **Compra un Dominio**
Para TuNegocio.com

☐ **Consigue un Número de Teléfono**
(Si lo Necesitas. Tal vez un número gratuito.)

☐ **Consigue una Dirección Postal**
(Si lo necesitas. ¿Tal vez una caja en el servicio postal?

☐ **Registra un Correo**

☐ **Registra Cuentas en las Redes Sociales**

☐ _____

☐ _____

☐ _____

15. HAZLO OFICIAL

☐ **Incorpora**

☐ **Licencia de Negocio**

☐ ***Visita a IRS.gov Para Conseguir un Número de Identificación del Empleador***
https://www.irs.gov/businesses/small-businesses-self-employed/apply-for-an-employer-identification-number-ein-online

☐ _____

☐ _____

☐ _____

☐ _____

16. ¿CUÁLES SERÁN LOS COSTOS OPERATIVOS DEL NEGOCIO?

PISTA *La mano de obra, los costos de producción, los seguros. ¿Qué más?*

⚠ **¡ADVERTENCIA!**

Esta lista puede crecer después de algunas preguntas adicionales.

PRESUPUESTO

RENTA $XX
COMIDA $XX
CARRO $XX
TOTAL $XX

17. PROYECCIÓN FINANCIERA

¿En cuánto tiempo puedes recuperar tu inversión inicial?

⚠️ **¡ADVERTENCIA!**   *Sé realista con proyecciones conservadoras.*

¿Cuál es tu plan para recuperar la inversión inicial?

El Mejor Plan de Negocios del Mundo

_____

_____

_____

_____

_____

_____

_____

_____

_____

PISTA *¿Tasa de gasto? Esto es una comparación de cuánto capital tienes y los costos operativos mensuales. Esto te va a decir cuánto tiempo puedes mantener el negocio abierto sin ingresos o con ingresos limitados.*

⚠ ¡ADVERTENCIA!

Imagínate un tanque de oxígeno en tu espalda (como un buceador) y comienzas tu negocio con una cantidad fija de oxígeno que sobró de tu lanzamiento y ahora cada centavo que gastas te deja con menos oxígeno para sobrevivir.

18. ¿A QUIÉN NECESITAS PARA OPERAR ESTE NEGOCIO EXITOSAMENTE?

PISTA *Ejemplos: ¿Quién va a abrir la puerta cada mañana? ¿Quién va a contestar el teléfono y responder a los correos electrónicos?*

> *"El equipo con los mejores jugadores gana."*
>
> — *Jack Welch*

PTI ***Fuentes buenas para conseguir a empleados nuevos:*** *Indeed, Craigslist, LinkedIn, Zip Recruiter, Glassdoor, Monster, Ladders.*

Vamos a Elegir a tu Equipo

_____

_____

_____

_____

_____

_____

_____

⚠ ¡ADVERTENCIA!

Coloca anuncios de empleo para saber que tan difícil va a ser contratar a tus empleados esenciales para operar tu negocio. También deberías entrevistar a algunas personas para tener una mejor idea del mercado de la mano de obra, el talento disponible y los sueldos/salarios requeridos para obtener el personal que necesitas.

Necesidades Profesionales

PISTA *Ejemplos: Contador, abogado, compañía de nómina. ¿Qué más?*

_____

_____

_____

_____

👍 CONSEJOS ⌄

Piensa como un Presidente recién elegido que está formando su gabinete. ¿Cuáles asesores vas a necesitar?

⚠ ¡ADVERTENCIA!

Contrata a profesionales locales de buena reputación con quienes puedes sentarte y hablar en persona.

Si no tienes idea a quién llamar, pregunta a algunos emprasarios locales a quiénes recomiendan. Tu cámara de comercio puede darte algunas recomendaciones también.

19. ¿CÓMO SERÁ LA ADMINISTRACIÓN/ ESTRUCTURA DE LIDERAZGO?

¿Cuál será tu función?

_____

¿Cómo será la estructura de liderazgo y cómo va a funcionar?

_____

_____

_____

_____

_____

> _"La forma más importante de influir a una organización es concentrarse en el desarrollo del liderazgo. No hay límite de potencial para una organización que consigue a buen personal, que los eleva como líderes y que continuamente los desarrolla."_
>
> — _John Maxwell_

> *"Para una empresa su marca es igual que una reputación..."*
>
> — *Jeff Bezos*

20. CONSTRUYE TU MARCA

¿Qué es una Marca?

Una marca es un símbolo identificativo, logotipo, nombre, palabra y/o frase que las empresas utilizan para distinguir su producto de los demás. Se puede utilizar una combinación de uno o más de esos elementos para crear una identidad de marca.

Hay protección legal otorgado a un nombre de marca.
Fuente: Investopedia

¿Por qué Quieres Construir una MARCA desde el Primer Día?

Esto será la base de tus esfuerzos de marketing/publicidad. Al identificar lo que quieres que tu marca sea como además de establecer los pilares tradicionales de una marca te dará la dirección necesaria para atraer a tu cliente objetivo.

LOGO

☐ **Diseña un logotipo** que representa el nombre y la imagen de tu empresa.

⚠ **¡ADVERTENCIA!** *Deja que tu diseñador gráfico lo haga.*
Ve recursos en página 135.

─BUENOS EJEMPLOS:─

¿Cuáles ejemplos, colores o elementos distintivos vas a darle a tu diseñador gráfico para la inspiración?

_____

_____

_____

_____

PTI *¡Dibuja tus ideas!*

POSICIÓN DE MARCA

Esto es lo que quieres que tus clientes piensen de tu empresa. Estás colocando una imagen en su mente cuando escuchan o piensan en tu empresa.

---BUENOS EJEMPLOS:---

Ha tomado la posición de marca de **SEGURIDAD** dentro de la industria de automóviles.

Ha tomado la posición de la marca **CALIDAD ETERNA** dentro de la industria relojera.

Ha tomado la posición de la marca **"LA MEJOR EXPERIENCIA DE CONDUCIR"** dentro la industria de automóviles.

Ha tomado la posición de la marca **PRECIOS BAJOS y AHORRAR DINERO**.

PISTA *Esto debería reforzar una calidad o imagen en la que quieres que tus clientes piensen cuando piensan en tu empresa.*

MI POSICIÓN DE MARCA ES:

_____

_____

_____

_____

_____

_____

¡Déjame ayudarte!

Una manera simple y efectiva de elegir una posición de marca es preguntar, "¿Qué cualidad, promesa o experiencia haría que nuestros clientes nos busquen por nuestro negocio?"

ESLOGAN

Esto es una frase que se te pega o que sea memorable que haga recordar a los clientes una cualidad única o posición de marca tuya que puedes usar con el logotipo y el nombre de tu empresa. Esto también puede y debe ser utilizado en todo tu material de marketing.

_____

_____

BUENOS EJEMPLOS

Just Do It.

¡Me Encanta!

¿Está en ti?

Destapa La Felicidad.

Piensa Diferente.

Porque Tu Lo Vales.

21. ¿CÓMO VAS A ATRAER A TU CLIENTE OBJETIVO?

PTI *Ahora estás desarrollando tu plan de marketing.*

_____

_____

_____

_____

_____

_____

_____

PISTA *¿Qué vehículos publicitarios serán los más baratos pero eficaces para llegar a tu cliente objetivo? Ejemplo: Anuncios digitales, redes sociales, televisión, radio, correo directo, afiliados, entre otros.*

⚠️ **¡ADVERTENCIA!** *El objetivo es llegar a muchos clientes utilizando el menor dinero posible.*

¿Cómo atrae tu competencia a sus clientes?

☐ **Publicidad Digital**
(Anuncios Destacados, Publicidad)

☐ **Redes Sociales**
(Facebook, Instagram, etc.)

☐ **Google**
(Posicionamiento SEO, Búsqueda Pagada)

☐ **Transmisión de Videos & Anuncios Musicales**
(Hulu, YouTube, Spotify, Pandora)

☐ **Influencer & Marketing de Afiliados**

☐ **Radio**

☐ **Televisión**

☐ _____

☐ _____

☐ _____

☐ _____

🧠 PIENSA MÁS 💙

¿Qué es lo que te gusta de su marketing?

_____

_____

_____

_____

¿Qué puedes copiar o emular de su marketing?

_____

_____

_____

¿Qué puedes hacer que sea diferente y destacar?

_____

_____

_____

DESARROLLANDO TU MENSAJE (A TU CLIENTE OBJETIVO)

> *"El marketing es ganar clientes al compartir razones convincentes por las que deberían amar lo que estás vendiendo"*
>
> — *Sean Castrina*

¿Hay algún idioma (jerga, cultural, nivel de edad, educación) que necesitas para comunicar?

_____

_____

Si contestaste sí, ¿cuáles son 1-3 elementos de comunicación a cuales tu CLIENTE OBJETIVO respondería bien?

_____

_____

Cualidades de una empresa como ser de propiedad local, hecho en los EE.UU. *(o cualquier país o área que sea aplicable),* participación caritativa *(por ejemplo: Tom's Shoes o Bombas Socks que donan un par de zapatos o calcetines por cada par comprado).*

Ventajas competitivas como entrega gratuita / devoluciones, servicio del mismo día, recojo en tienda, tamaño de las selecciones, precios, entre otros.

Considera una LLAMADA A LA ACCIÓN:

PISTA

¿Qué haría que alguien decidiera comprar hoy? Necesitas crear urgencia o escasez. (Ejemplo: oferta por tiempo limitado, en Venta Hoy, suministro limitado, etc.)

CONSEJOS ♥

Una llamada a la acción es muy efectiva cuando puedes ofrecer descuentos, tienes una venta o promoción.

> **"El marketing efectivo se mide en adquisiciones masivas de clientes."**
>
> — *Sean Castrina*

Ejemplo de tu plan de marketing completo:

_____

_____

_____

_____

⚠ ¡ADVERTENCIA!

PRUEBA BETA: *Haz una prueba de pequeñas muestras a tu cliente objetivo con varios mensajes para ver cuales mensajes funcionan mejor.*

¿Serían Efectivos los Testimonios de los Clientes?
¿Sí o no?

👍 CONSEJOS ❤

Si estás vendiendo algo que tiene una historia de escepticismo (medicina, servicios a domicilio, productos de servicios financieros, etc.) siempre es útil tener un testimonio real de un cliente que pueda compartir su experiencia positiva. ¿Tu producto o servicio es completamente nuevo? Si es así, los testimonios son una gran manera para superar el escepticismo y las preocupaciones.

¿COMO OBTENGO TESTIMONIOS SI TODAVÍA NO LANZO MI NEGOCIO?

👍 CONSEJOS ❤

Crea un grupo beta de amigos, familiares, compañeros de trabajo, miembros de la iglesia, vecinos que probarán tu producto o servicio y compartirán sus opiniones, comentarios y experiencia a través de testimonios escritos, respaldo de video, entre otros, que puedes utilizar en tu marketing.

¿Hay alguna celebridad (actor/atleta, persona reconocida) que pueda dar credibilidad instantánea o reconocimiento a tu empresa/producto/servicio?

_____

_____

_____

_____

PTI *Esto es MARKETING POR INFLUENCER*

👍 CONSEJOS 💛

¿Tienes a una persona local que sería asequible o con quién podrías intercambiar tus productos/servicios por su testimonio? ¿Hay alguién famoso/atleta a quién valdría la pena pagar mucho o darle un porcentaje de ganancias y posiblemente una parte del negocio por su respaldo?

Cómo crear un Testimonio o Aprobación de un Cliente / Famoso

PISTA

- Necesita ser auténtico (¿Tu audiencia creerá lo que esta persona está diciendo?)
- Promocionar tu ventaja competitiva
- Superar el escepticismo
- Generar confianza

👍 CONSEJOS ⌄

Tu, el creador del producto o fundador puedes ser tu mejor portavoz. Si puedes comunicarte de una manera receptiva a tu cliente objetivo—*HAZLO TU MISMO.*

Consideraciones Sobre la Compra/ Programación de Anuncios

PISTA

Tu cliente objetivo tiene una programación que le queda mejor. Ejemplo: los clientes masculinos de altos ingresos tienden a ver golf, por lo que la programación del domingo por la tarde es efectiva.

JUNTANDO TODO

¿Qué mensaje?

_____

_____

¿Qué mensajero?

_____

_____

¿Qué método? (Anuncios digitales, televisión, correo directo, radio, etc.)

_____

¿Qué programación de medios es la mejor opción?

_____

_____

PTI — **No te olvides tu PRUEBA BETA—¡prueba tu mensaje, mensajero, método, y también programación en pequeños incrementos para ver cuál funciona mejor!**

22. ¿CUÁL SERÁ MI ESTRATEGIA DE VENTAS?

_____

_____

_____

_____

_____

_____

_____

_____

_____

_____

_____

PISTA *¿Cómo comprarán los clientes tu producto o servicio? Ejemplos: Comercio Electrónico, Vendedores, Afiliados, Venta Minorista, Ventas Directas, Marketing Multinivel, Membresías, Suscripciones, Embudo de Clicks. ¿Qué más?*

23. ¿QUÉ OPORTUNIDADES ADICIONALES VES PARA CRECER?

_____

_____

_____

_____

_____

_____

_____

PISTA

¿Puedes expandir el negocio a ubicaciones adicionales?

¿Puedes franquiciar este modelo de negocio?

¿Puedes ofrecer servicios adicionales a tu cliente objetivo?

¿Puedes ofrecer otros usos de tus productos?

¿Puedes ampliar tu línea de productos?

¿Puedes vender tus productos en más tiendas u otros lugares?

¿Puedes ofrecer oportunidades de ventas de afiliados?

24. ¿HAY ASOCIACIONES ESTRATÉGICAS, AFILIADOS, ASOCIACIONES Y ALIANZAS CON LOS QUE TE PUEDES UNIR, Y SI ES ASI, CON QUIÉN?

¿Hay membresias de asociación que te darían credibilidad?

_____

_____

_____

_____

PISTA *Asociaciones de la Industria, BBB, Asociación de Constructores, Influencers. ¿Cuáles otros?*

¿Hay asociaciones estratégicas que podrías formar?

_____

_____

_____

_____

PISTA *Ejemplo: Un nuevo restaurante puede asociarse con una panadería de buena reputación o agricultores locales.*

PTI

¡FELICITACIONES!

Acabas de terminar un PLAN DE MARKETING detallado.

(Preguntas 20-24.)

"Regla #1 en negocios: Nunca dejes de conseguir clientes. [Marketing] Regla #2: ¡Nunca olvides la regla #1!"

— Sean Castrina

25. DECLARACIONES DE NEGOCIOS

DECLARACIÓN DE OBJETIVOS

> Una **Declaración de Misión** "una declaración escrita del propósito y enfoque principal de una organización que normalmente no cambia con el tiempo".
>
> — *BusinessDictionary.com*

BUEN EJEMPLO:

"Goodwill trabaja para mejorar la dignidad y la calidad de vida de las personas y las familias por el fortalecimiento de las comunidades, la eliminación de las barreras a las oportunidades y ayudando a las personas a alcanzar todo su potencial a través del aprendizaje y el poder del trabajo."

BUEN EJEMPLO:

■■ Microsoft

"Nuestra misión es facultar a cada persona y a cada organización en el planeta para lograr más."

MI DECLARACIÓN DE OBJETIVOS:

_____

_____

_____

_____

_____

_____

_____

_____

👍 CONSEJOS ❤

Trata de responder a estas preguntas: ¿Por qué estás en el negocio? ¿Qué te hará destacar ante el cliente?

DECLARACIÓN DE VISIÓN

Una **Declaración de Visión** es, "una descripción aspiracional de lo que una organización quisiera lograr en el futuro a mediano o largo plazo.

Su objetivo es servir como guía para elegir los cursos de acción en la actualidad y a futuros."

— *BusinessDictionary.com*

BUENOS EJEMPLOS:

"Cada persona tiene la oportunidad de alcanzar su potencial máximo, participar y contribuir a todos los aspectos de la vida."

"Traer inspiración e innovación a todos los atletas en el mundo."

BUEN EJEMPLO:

Microsoft

"Tener una computadora en cada escritorio
y en cada casa."

MI DECLARACIÓN DE VISIÓN:

_____

_____

_____

_____

_____

_____

_____

CONSEJOS›

Sé conciso, claro, ten
un horario, prospectivo,
desafiante e inspirador.

DECLARACIÓN DE VALOR

Una **Declaración de Valor** es, "una declaración que informa a los clientes y al personal de las prioridades principales de una empresa y cuáles son sus creencias fundamentales.

Estos valores se demostrarán en la conducta de sus empleados.

Las empresas frecuentemente utilizan una declaración de valor para ayudarles a identificarse y conectarse con clientes objetivos, así como para recordar a los empleados de sus prioridades y objetivos."

— *BusinessDictionary.com*

BUENOS EJEMPLOS:

apto

"Sé Destacable, Asume Responsabilidad, Sé Introspectivo, Sé Incómodo, La Ejecución Importa."

L.L.Bean®

"Trata a tus clientes como seres humanos y ellos siempre volverán por más."

MI DECLARACIÓN DE VALOR

_____

_____

_____

_____

_____

_____

_____

_____

_____

_____

👍 CONSEJOS 🗸

Sé auténtico, atrae emocionalmente y conéctalo
a la conducta esperada de los empleados.

⚠ ¡ADVERTENCIA!

Para los emprendedores nuevos: no gasten mucho tiempo en
esto. Esto puede ser un proyecto de fin de semana después de
haber hecho todo lo demás.

7 Plan de Inicio de 30 Días

Siempre he encontrado que cualquier proyecto grande o difícil es más simple cuando lo divides en partes pequeñas. Como he escuchado "¿Cómo se come un elefante? Un bocado a la vez." Así que lo que quería hacer era dividir este plan de negocios en un plan de 30 días. Esto te dejara concentrar en una parte específica cada día. Esta es una estrategia que he utilizado por años y funciona muy bien para aquellos que actualmente están ejerciendo un trabajo de tiempo completo y no tienen todo el día para trabajar en este plan de negocios:

Día 1

#1   ¿Porqué quieres ser empresario?

Día 2

#2   ¿Por qué crees que esta idea de negocio tendrá éxito?

Día 3

#3   ¿Cuáles recursos te faltan (tiempo, experiencia, capital, talento, entre otros.)?

7. Plan de Inicio de 30 Días

Día 4

#4   ¿Qué vendes y por qué?

Día 5

#5   ¿Quién es tu competencia?

Día 6

#6   ¿Por qué mis clientes me comprarian a mi en vez de mi competencia?

Día 7

#7   ¿Cuánto cobraré por mis productos o servicios dependiendo de la industria y la competencia?

Día 8 (8 y 9)

#8   ¿Cuánto me va a costar para producir y proporcionar lo que estoy ofreciendo a mis clientes?

#9   ¿Cuáles son tus margenes de ganacia?

Día 9

#10   Describe tu cliente objetivo.

Día 10

#11   Elige un Nombre para tu Negocio

7. Plan de Inicio de 30 Días

Día 11 and **12**

#12   ¿Qué necesito para iniciar esta empresa y cuánto va a costar?

Mi consejo es dividir esta lista en tareas diarias (en grupos de tareas similares). Ejemplo: todas las cosas relacionadas con el dinero (cuenta bancaria, paypal, servicios de comerciante), la configuración de la oficina, entre otros.

Día 13 and **14**

#13   PROTEGE A TU NEGOCIO Y A TÍ MISMO

Día 15

#14   CÓMO ENCONTRARTE

Día 16

#15 Hazlo oficial

Día 17

#16   ¿Cuáles serán los costos operativos del negocio?

Día 18

#17   Proyección Financiera

7. Plan de Inicio de 30 Días

Día 19 (18 y 19)

#18   ¿A quién necesitaré para operar este negocio exitosamente?

#19   ¿Cómo será la administración/estructura de liderazgo?

Día 20 and **21**

Entrevistar a personas que serán parte de tu equipo personal (miembros del gabinete) y profesionales que trabajarán para ti.

Día 22

¿Cómo voy a atraer a mi Cliente Objetivo?

Esto es tu plan de marketing.

Día 23 and **24**

#21   La Marca

Elige un logo que representaría mejor tu compañía e imagen

Elige una Posición de Marca

CREA UN ESLOGAN (De tu Posición de Marca)

7. Plan de Inicio de 30 Días

Día 25

#22   ¿Cómo será mi estrategia de ventas?

Día 26

#23 ¿Hay asociaciones estrategicas, afiliados, asociaciones y alianzas con los que te puedes unir, y si tanto, con quién?

Día 27

#24   ¿Cuales oportunidades adicionales ves para crecer?

Día 28 and **29**

#25   Estados de Negocio

Día 30

La Ley de Murphy ¡Termina lo que te falta completar!

PLAN DE INICIO DE 30 DÍAS

1	2	3
#1	#2	#3

7	8	9
#7	#8+9	#10

13	14	15
#13	#13	#14

19	20	21
#18+19		

25	26	27
#22	#23	#24

PLAN DE INICIO DE 30 DÍAS

4	5	6
#4	#5	#6

10	11	12
#11	#12	#12

16	17	18
#15	#16	#17

22	23	24
#20	#21	#21

28	29	30
#25	#25	LA LEY DE MURPHY

CAPÍTULOS
EXTRAS

ÍNDICE

8 ¿Tu Plan de Negocios Puede Resistir un Golpe?

EN CONCLUSIÓN

Recuerda que tu plan de negocios no es doctrina y está lejos de ser perfecto. Es un plan que te ha dado la confianza que esta idea de negocio puede funcionar.

También debe proporcionar un mapa para llegar al objetivo que has establecido para producir un negocio exitoso.

Sin embargo, NADA en el mundo de los startups va según lo planeado, por lo que tu capacidad para cambiar de dirección y ver oportunidades que nunca imaginaste es una habilidad crítica de supervivencia que debes aprender.

> *"Todo el mundo tiene un plan hasta que les dan un golpe en la boca."*
>
> — *Mike Tyson*

En un artículo perspicaz en Forbes, Paul Brown comparte cómo se propuso escribir un libro compartiendo planes de negocios exitosos y descubrió algo:

¿Tu Plan de Negocios Puede Resistir un Golpe?

"Había un sólo problema con el concepto del libro. La mayoría de los planes de negocios no tenían nada que ver en lo que los negocios se convirtieron al final.

Las personas que dijeron que se iban a especializar en "desarrollar nuevo hardware informático" terminaron en software, por ejemplo.

Empresas que comenzaron con el objetivo de "servir al consumidor final" se convirtieron en especialistas en ayudar a los distribuidores. En muchos casos, lo que estaba en el plan de negocios al final no tenía mucho que ver con lo que la compañía (exitosa) en última instancia se convirtió."

> *"Los planes son de poca importancia, pero la planificación es esencial."*
>
> — *Winston Churchill*

Mi consejo es crear y seguir tu plan de negocio hasta que se requiera un cambio. No siempre será obvio así que tu capacidad para identificar cuándo adaptarte o cambiar completamente a menudo determinará el éxito o el fracaso de tu startup.

9 Cómo Presentar tu Plan de Negocios a Inversionistas y Socios

Al presentar tu idea de negocio a un inversionista potencial, concéntrate en lo que él/ella quiere de este acuerdo. Lanza tu idea a personas que tienen interés en que tu negocio tenga éxito.

Son personas que tienen dinero, (pueden invertir) y les gustaría hacer una buena inversión de su dinero. Tienen una historia de inversión en startups o son familia/amigos que te aman lo suficiente para hacer esta inversión en TI. *Sí, lo hacen por ti, así que no presentes una idea del cuál no estás muy seguro de que tendrá éxito o tu próxima reunión familiar será incómoda.*

¡NO les des ideas a familiares/amigos que no pueden permitirse perder su inversión! Los startups son riesgosos no importa lo seguro que estés, así que no pongas en riesgo los ahorros de toda la vida de alguien en tu idea de startup.

Piensa como un inversionista, ¿qué quisieras ver y escuchar de alguien que quiere tu dinero que ganaste con el sudor de tu esfuerzo?

Sé breve y al punto: muestra confianza, no arrogancia. La gente invierte en personas que les gusta y en las que confía.

La confianza se basa en proponer una idea práctica y rentable que creen que puedes hacer realidad. Están invirtiendo en ti y en tu liderazgo de esta empresa tanto como en la idea.

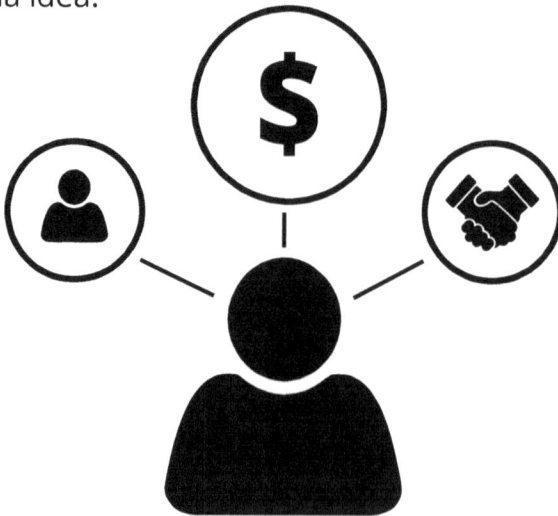

PROPUESTA BREVE PARA LOS INVERSIONISTAS:

1. Demostración de Productos con todas las patentes y las marcas.

2. Demuestra que esta es una idea de negocio rentable/práctica con información de apoyo.

¿Qué estás vendiendo? ¿Por qué comprarán los clientes? ¿De qué tamaño es el mercado potencial? ¿Cuál es tu estrategia para alcanzar a tus clientes y venderles tu producto/servicio? ¿Explica cómo te diferenciaras de tu competencia? (Prueba de Concepto)

_____

_____

_____

_____

3. Desglose Financiero

Costo de Lanzamiento

_____

Costo de Sostenimiento

_____

Costo para Proporcionar Bienes/Servicios

_____

Margen de Ganancia

_____

4. ¿Qué ganan por su inversión?

Intereses del Préstamo

_____

Condiciones del Préstamo

_____

_____

_____

_____

% de Propiedad _____

Acciones _____

PISTA

Esto se conoce como la parte de Resumen Ejecutivo de un plan de negocios. En mi experiencia los bancos no invierten en startups, lo que hacen es prestar dinero a personas que tienen crédito y garantía.

Quién Tiene la
Última Palabra _____

Propietarios/Desglose de las
Personas que Toman Decisiones

_____

_____

_____

_____

⚠ ¡ADVERTENCIA!

Prepárate para defender tu plan de negocios de una manera muy parecida a una tesis doctoral, o mejor, un contrainterrogatorio por un abogado opositor.

No te pongas a la defensiva, sé directo y solo respónde a sus preguntas con confianza y con la información de tu plan de negocios. No estés sorprendido si encuentran debilidades que quizás no habías pensado.

Es posible que tendrás cambiar algo por una de las respuestas que te han dado. Al final tu plan de negocio mejorará después de exponerlo a críticos inteligentes.

10 Los 7 Errores Más Grandes que los Fundadores de Negocios Cometen

1. **Se enamoran de su idea de negocio** y no permite que sea cuestionado por otros.

2. **Retrasan el inicio** por tratar de hacer todo perfecto.

3. **No hacen los ajustes necesarios** cuando las ventas están lentas y el interés del cliente está bajo.

4. **Gastan dinero en cosas que no son esenciales para la supervivencia.** (¡Sólo gastan dinero en cosas que producen más ventas y satisfacen a los clientes!)

5. **Hacen malas contrataciones** que no aportan mucho valor desde el primer día. (Evita contratar amigos y familiares.)

6. **Se enfocan en la organización y la cultura, no en las ventas.** (99% del tiempo las empresas fallan por una sola razón—se quedan sin dinero debido a pocas ventas.)

7. **Dejan de seguir estableciendo nuevos objetivos desafiantes** para su empresa. (¡Las empresas que planifican y revisan los resultados regularmente crecen un 30% más rápido!)

11 5 Reglas de Oro para un Inicio Exitoso

1. PRUEBA TU IDEA DE NEGOCIO

Si es posible, ANTES incluso de hacer un plan de negocios. Trata de venderlo a una escala muy pequeña para ver si atrae clientes y si pagarán lo que estas pidiendo. El término elegante para esto es "PRUEBA DE CONCEPTO". No importa si vendes tu producto en la feria del condado o en línea a través de un embudo de click, pero necesitas saber si estas yendo en el camino correcto.

2. SÉ UN GRAN EMPRENDEDOR

Las empresas de Capital Riesgo invierten en la persona que les trae la idea de negocio tanto como la idea real en sí misma. Conocen el valor del liderazgo y el "factor." Algunas personas simplemente tienen ese carisma y confianza de que saben que tendrán éxito.

Convertirse en un gran emprendedor es una habilidad aprendida que tú también puedes aprender! Haz crecer tu liderazgo, comunicación y habilidades de venta. Si estás vendiendo tu idea a inversores o tratando de reclutar una superestrella para unirse a tu equipo de inicio, tú siempre estarás liderando y vendiendo.

3. ASÓCIATE CUANDO PUEDAS

Siempre he dicho que preferiría tener el 50% de mucha cantidad que 100% de poca cantidad. ¿Qué tienen todas estas grandes empresas en común? Apple, Microsoft, Uber, Southwest Airlines, Disney, Berkshire Hathaway. Podría seguir y seguir ... Todos ellos comenzaron como asociaciones. Uno de los socios puede ser más conocido y carismático que el otro, pero estas empresas requieren el talento y los recursos de 2 personas para lanzar empresas icónicas. ¿Cuándo deberías asociarte? Cuando te falta un recurso crítico necesario para comenzar y/o hacer crecer tu negocio. Comienza con esta lista: ¿te falta experiencia, experiencia comercial, capital o tiempo? Todas estas son buenas razones para asociarte.

4. HAZ AJUSTES CUANDO SEA NECESARIO

Empezar un negocio es como volar una cometa—un sólo viento fuerte puede derribarla. ¡Tienes que estar muy alerta por si necesitas hacer cambios! No te aferres a tu plan de negocio cuando algo no funciona.

> **"Cambia antes que TENGAS QUE cambiar."**
>
> *— Jack Welch, CEO Legendario de General Electric*

5. GUARDA TU DINERO COMO SI FUERA OXÍGENO Y ESTUVIERAS BUCEANDO

No gastes ni un centavo en cosas que no son necesarias. (50% de lo que crees que necesitas para tu inicio es un desperdicio.)

12 Sé un Gran Emprendedor

Este capítulo está diseñado para ayudarte a **SER UN GRAN EMPRENDEDOR.** Compartiré cómo puedes crecer o mejorar *Las 10 CUALIDADES QUE LOS GRANDES EMPRENDEDORES COMPARTEN.*

¿Por qué es que algunas personas pueden iniciar un negocio exitoso y crecerlo exponencialmente mientras que otras no logran nisiquiera lanzar un negocio, y mucho menos crecer uno?

De hecho, hay *características personales repetibles* que parece que la mayoria de los empresarios más consumados comparten. Y lamentablemente, aquellos que fallen al tener éxito comparten características consistentes, tales como: procrastinación, falta de liderazgo, impulso y motivación.

Buenas noticias—no sólo compartiré con ustedes las cualidades de los gran emprendadores, sino lo que es más importante—revelaré cómo pueden mejorar estas cualidades en tu vida diaria.

> *"Dame a alguien con una visión clara, una determinación inquebrantable, una energía implacable y una gran dosis de optimismo y te devolveré un gran emprendedor."*
>
> *— Sean Castrina*

1. MOTIVACIÓN

El primer paso hacia el éxito en cualquier esfuerzo, ya sea en deportes, negocios u otros, comienza con el compromiso de trabajar hacia un logro dado.

Voy a proporcionar una definición más extensa luego, pero por ahora, debes saber que *la motivación es el génesis del logro.* El emprendedor se despierta cada mañana con un deseo ardiente de llevar una idea, todavía no más que un pensamiento, a ser una realidad que funcione y sea rentable. Este pensamiento simple pero dominante crea una motivación dentro de esta persona que es implacable.

Dictionary.com define "motivado" como *"estar bajo la compulsión (deseo o necesidad) de tener éxito o sobresalir,"* como en *"un joven motivado que es extremadamente competitivo."* También define "motivado" como *"controlado o impulsado por algo especifico."* Un empresario debe querer y trabajar hacia esta característica, ya que significa que trabaja sin descanso para lograr un objetivo. Los emprendedores se impulsan más duro y se imponen más exigencias que una persona normal. Cuando te motivas y lo exiges cada minuto de cada día, eso te definirá—se convertirá de *un adjetivo* que describe uno de tus atributos a *un sustantivo* sinónimo de *quién eres.*

Sé un Gran Emprendedor

La motivación tiene un "gemelo" que se llama *la determinación.* Como sinónimos, se pueden intercambiar para describir mejor la cualidad necesaria para lograr algo más allá del promedio. El mánager legendario de béisbol Tommy Lasorda dice, *"La diferencia entre lo imposible y lo posible se encuentra en la determinación de un hombre."* El emprendedor exitoso puede comenzar con una meta ambiciosa, pero ese es sólo el primer paso en el proceso del logro. El objetivo ambicioso debe ser seguido por el compromiso (determinación) de hacer lo que sea necesario para alcanzar cada meta.

El consultor de gestión Scott Gould identifica la motivación como una de las tres claves para tener éxito en los negocios y la vida. Él dice, *"La motiviación es una cualidad interior que les falta a la mayoría de las personas. La motivación es lo que hace que una persona no acepte el estado actual. La motivación es lo que hace que alguien no quiera ser mediocre. La motivación es una cualidad que pocos tienen."*

Las empresas a menudo se comparan con eventos deportivos y operaciones militares (por una buena razón). Cada una de estas tres áreas de esfuerzo tiene objetivos medibles y utiliza una terminología similar: ***¿Cuál es tu objetivo?***

Sé un Gran Emprendedor

¿Tu pasión? ¿Tu objetivo? ¿Crees que va a ser fácil? Si fuera fácil de obtener, ¿por qué alguien no lo ha hecho todavía? De hecho, tal vez ahora mismo alguien por ahí tiene la misma idea de negocio que tú y la diferencia entre que ellos pongan ese negocio en marcha primero y que tú seas el que gana es *cuánto puedes motivar a tí mismo al cruzar la línea de meta.*

¿Estás tan dedicado a tu meta o idea de negocio que estás dispuesto a sacrificar cualquier cosa para lograrlo? Nick Woodman, el fundador de GoPro, tuvo el impulso de crear algo y se obsesionó con él hasta que tuvo éxito. *"Tiene una tremenda motivacion y presencia, y cuando dice que vamos a hacer algo, lo creo,"* dice Michael Marks, ex Director General de Flextronics e inversionista de GoPro.[1] Woodman estaba tan dedicado a hacer que GoPro tuviera éxito que no le importaba sacrificar otros aspectos de su vida. Fue citado en Forbes diciendo, *"Me dejé obsesionar con las cosas. Al iniciar GoPro me mudé de nuevo con mis padres y fui a trabajar los siete días de la semana, 20 horas al día. Dejé mi vida personal para avanzarlo."* [2]

¿Qué meta te consume tanto que pagarías un precio en tiempo, esfuerzo, ridiculización y más para lograrlo? Bill

Sé un Gran Emprendedor

Gates, fundador de Microsoft y (a menudo) el hombre más rico del mundo, admitió, *"Era fanático del trabajo. Trabajé los fines de semana, realmente no creía en las vacaciones. Tuve que tener un poco de cuidado de no tratar de aplicar mis estándares a lo duro que trabajaron (los empleados),"* dijo en una entrevista en Desert Island Discs de BBC 4 Radio. Ese fanatismo lo llevó a rastrear las idas y venidas de los empleados para que pudiera medir cuánto de su tiempo y energía estaban invirtiendo. *"Conocía las placas de todos para poder mirar hacia en el estacionamiento y ver, cuando la gente entraban y cuándo se salían,"* dijo.

Cuando se considera la estadística de que **la mitad de todas las empresas fracasan en los primeros 2 años,** y luego que 9 de cada 10 dejarán de existir dentro de una década, te das cuenta de que debes ser motivado a tener éxito. B.C. Forbes aconseja, *"Si no manejas tu negocio, serás expulsado del negocio."* Ser motivado, dice Forbes, *"es la búsqueda implacable de un objetivo sin perder el tiempo, sabiendo que el pago superará el precio requerido para lograrlo."*

Lo que te motiva es perseguir una pasión, no solo dinero. Tu pasión puede ser una innovación o idea que se debe ver a través de convertirse en una organización en funcionamiento. Puede ser el deseo de construir un equipo o tener los beneficios que creas según el bien. Las razones son infinitas, pero el éxito financiero personal por lo general no es suficiente para que el empresario alcance la meta. Aunque el dinero será el subproducto del logro en los negocios, por lo general es *la última fruta en florecer* en el árbol de una startup.[3]

¿Cuál es la aplicación práctica para ser motivado como un emprendedor? Para comenzar, nunca iniciarás un negocio sin tener la unidad necesaria para completar todo lo necesario para tener una idea en funcionamiento y operar con fines de lucro.

Para tener éxito, tendrás o deberías tener— objetivos definidos que estáras persiguiendo sin descanso dentro de tu negocio, desde el lanzamiento de nuevos productos y servicios hasta nuevas divisiones y subsidiarias. Tener metas ambiciosas y la motivación para alcanzarlos atrae y retiene al personal de alto nivel, ya que *todo el mundo quiere trabajar para un ganador.* Jack Welch, CEO de G.E. que aumentó el valor de la compañía en un 4,000 por ciento, tal vez exprese mejor la conexión entre la motivación y este tipo de liderazgo exitoso: *"Los buenos líderes empresariales* crean una visión, articulan la visión y la llevan implacablemente a su finalización."

Cualquier negocio que desee crecer y destacar necesitará en su líder a alguien con metas ambiciosas que despierte a sus seguidores.

Cómo Ser Más Motivado

1. *Encuentra algo que valga la pena lograr, donde el sacrificio y el esfuerzo valga la pena el resultado.*

2. *Comienza con una meta de un año para lograr algo con una recompensa que te motive y, mejor aún, te consuma.*

3. *Crea de 1 a 3 objetivos para tu empresa, organización o división que, de lograrse, elevarían su empresa a un nuevo nivel.*

4. *Persigue rigurozamente tu objetivo. A menudo ayuda a dividirlo en trozos del tamaño de una mordida (y medibles).*

5. *Empieza a desarrollar este hábito de establecer y alcanzar metas, porque en la vida y en los negocios siempre habrá algo que valga la pena lograr.*

2. ENTUSIASMO

¿Qué es el entusiasmo? Henry Ford proporciona una excelente definición: *"El entusiasmo es la energía que hace brillar tus esperanzas desde el principio. El entusiasmo es el brillo en tus ojos, el swing en tu andar. El agarre de tu mano, la irresistible oleada de voluntad y energía para ejecutar tus ideas."* Baste decir que si tiene algunas de esas cualidades, podría tener algo de entusiasmo.

No existe un estándar real para medir el entusiasmo, pero la mayoría estaría de acuerdo en que se puede detectar quienes lo tienen. Bo Bennett está en el camino correcto con, *"El entusiasmo es emoción con inspiración, motivación y una pizca de creatividad."* Escuchas a una persona cuando habla, detectas fuego en su voz y concluyes que está entusiasmado. Ves a un aspirante a empresario compartir una idea o innovación y puedes sentir si su pasión se revela o no con entusiasmo. Los inversionistas pueden detectarlo, al igual que los posibles miembros del equipo.

Elon Musk no llegó a valer $20.5 mil millones por ser mediocre.[1] Exhaló entusiasmo. A los 24 años, Musk abandonó su programa de doctorado para convertirse en

Sé un Gran Emprendedor

empresario en las áreas de viajes espaciales, servicios de internet y energías renovables.

No perdió el tiempo—poco después de salir de la escuela, él y su hermano formaron Zip2, una compañía que desarrolló "guías de la ciudad" en Internet para periódicos. Musk fue clave en la obtención de contratos con The New York Times y The Chicago Tribune. Cuando se vendió Zip2, Musk tomó su parte del dinero e invirtió en lo que se convertiría en Paypal. Cuando eBay compró Paypal en 2002 por $ 1.5 mil millones, Musk nuevamente tomó su parte del dinero e invirtió en nuevas empresas, las más notables de las cuales fueron los autos eléctricos Tesla y SpaceX. El entusiasmo de Musk es contagioso. Todos sonrieron cuando puso un Tesla en el espacio usando un cohete SpaceX. El Tesla ahora está orbitando la tierra y está siendo "conducido" por un maniquí que se dice que representa a Musk.

Se dice que Alexander Graham Bell fue obstinado, firme y poco interesado en los negocios. Quizás si hubiera mostrado un poco más de entusiasmo cuando pronunció esas famosas palabras: "Sr. Watson, ven aquí, quiero verte." Durante la primera llamada telefónica, habría tenido más inversores y menos demandas. Aparentemente no lo hizo,

Sé un Gran Emprendedor

y Western Union, un inversionista potencial, no quedó impresionado. Un memorando interno de Western Union llamado el invento de Bell, "un juguete: idiota, desgarbado y poco práctico."

Cuando Western Union más tarde se dio cuenta de su error, demandaron, diciendo que Bell había robado la idea para el teléfono. Una vez más, la falta de entusiasmo de Bell entró en juego. Casi abandonó su invención, permitiendo que Western Union y otros tomen sus patentes. Por suerte, sus socios creían en el futuro del teléfono y no se irían. A petición de ellos, Bell presentó su declaración ante el tribunal justo antes de la fecha límite pudo obtener sus patentes.[2]

El emprendedor entusiasta a menudo permitirá que este rasgo impregne todos los aspectos de su negocio y esto creará éxito colateral. Walter Chrysler desafió los deseos de su padre de que asistiera a la universidad, para trabajar en su lugar en una máquina de locomotoras. Su entusiasmo no pasó desapercibido y constantemente se abrió camino en la jerarquía dentro de la industria ferroviaria. Chrysler compró su primer auto, el Locomobile, en 1908. No sabía conducir, pero esa no era su primera prioridad. Estaba fascinado por la mecánica y desarmó su Locomóvil y lo volvió a armar.

Cuando tenía 35 años, Chrysler conoció a Charles Nash, en ese entonces presidente de General Motors. Una vez más, el entusiasmo de Chrysler no pasó desapercibido. Nash lo convirtió en gerente de la fábrica de Buick. Chrysler inició el proceso de la línea de ensamblaje, triplicando así la producción. En 1915, fue nombrado presidente de Buick. Bajo su liderazgo, Buick se convirtió en la marca más exitosa del país.[3]

El entusiasmo es una de las pocas cosas en los negocios que no te costará nada y que no requiere de habilidades innatas, pero *se puede aprender en un instante y aplicar durante toda la vida.* Veamos solo algunas características de esta calidad: El emprendedor entusiasta demuestra pasión al contagiar ansias y emoción. El empresario y escritor de negocios Jim Connelly comparte, *"Es imposible sentirse enérgico e inspirado sobre tu negocio, a menos que estes entusiasmado."* La energía es el subproducto del entusiasmo. Pelé, el gran jugador de fútbol, dice, *"El entusiasmo lo es todo. Debe estar tenso y vibrando como una cuerda de guitarra."* ¿Por qué no quisieras esto en la naturaleza de tu vida diaria?

¿En qué situaciones el entusiasmo puede ser un activo para un aspirante a emprendedor?

- En la adquisición de nuevas cuentas, clientes y consumidores.

- En la obtención necesaria de un vendedor, proveedor o fabricante.

- En el montaje de un equipo de empleados.

- En el reclutamiento de un socio.

- En la alianza con un banco o empresa de capital de riesgo.

Como Crecer Tu Entusiasmo:

1. ¡Emociónate con las cosas que te emocionan! ¿Recuerdas cómo reaccionaste en un concierto o evento deportivo? Trae ese tipo de emoción a tu negocio y compártela con los demás.

2. Contrata a personas que sean naturalmente entusiastas.

3. Minimiza las personas negativas que elijas para tu entorno.

3. TOMANDO LA INICIATIVA

No hay sustituto para la calidad de la toma de iniciativa.

Nada puede compensar el error de esperar a que una

buena idea se convierta en perfecta. Tomar la iniciativa (acción) en una buena idea es mucho mejor que esperar a la perfección. El magnate del hotel Conrad Hilton comprueba, *"El éxito parece estar relacionado con la acción. La gente exitosa sigue moviéndose. Cometen errores, pero no renuncian."* Tomar medidas es el catalizador de todo logro.

El mundo de los negocios está lleno de tales ejemplos.

A principios de la década de 1960, Ford Motor Company vio una oportunidad para hacer un coche deportivo asequible. Al hacerlo, siguieron el consejo del general George Patton: *"Un buen plan implementado hoy es mejor que un plan perfecto implementado mañana."* La compañía tomó la iniciativa y estrenó el primer Mustang en *la Feria Mundial* de 1964 en Flushing Meadows, Nueva York, cinco meses despues del comienzo del año de producción de 1965. Esta audaz iniciativa y seguimiento dio lugar a más de 400,000 Mustangs que se vendieron en el primer año.

Este movimiento obligó al principal competidor de Ford, General Motors, a desarrollar rápidamente un automóvil del mismo rendimiento para intentar competir con el Mustang. General Motors introdujo el Chevrolet Camaro dos años más tarde. En ese momento, más de un millón de Mustangs ya habían salido de la línea de montaje y obtuvieron una base de fans permanentes tanto de conductores hombres como de conductores mujeres.[1] Hasta el día de hoy, el Camaro aún no se ha podido comparar con las ventas totales durante un periodo de casi 50 años con el Mustang, y el Mustang ha ganado en ventas al Camaro 28 de los 36 años en los que ambos autos fueron fabricados.[2] Larry Winget consolida este principio en una breve máxima: *"Implementa ahora, perfecciona más tarde."*

Aunque las analogías de guerra como la del general Patton han pasado de moda en el pensamiento de la escuela de negocios, todavía existe una fuerte creencia de que lo inteligente para un negocio es buscar *mercados inexplorados, actualmente inexistentes donde el agua es azul y hay todo para jugar.* La idea es evitar las aguas infestadas de tiburones donde es probable que los recién llegados sean engullidos en un frenesí de alimentación.[3]

Una vez más, abundan ejemplos en dónde se demuestran estas ideas en acción en la historia real de los negocios estadounidenses. Estos son solo algunos:

• Pandora – arrasó por la industria de la transmisión de

música en línea, superando a iTunes de Apple por años.

• eBay – fue el primero en implementar un proceso activo de subasta de consumo en línea popularizando el comercio electrónico.

• Xerox – inventó y (durante 15 años) dominó la industria de la fotocopiadora.

• Coca-Cola – creó el primer refresco con sabor a cola.

• Apple – fue el primero en introducir la tecnología de pantalla táctil real en las masas.[4]

Un emprendedor exitoso reconoce que *la velocidad de la comercialización es fundamental,* lo que significa que incluso cuando tienes una idea, la cualidad de tomar la iniciativa es el siguiente paso indispensable. Sin iniciativa, las ideas se sienten latentes, sin llegar a ser lo que podrían ser. Cuando esperas demasiado tiempo, tu idea puede incluso terminar convirtiéndose en la gran idea de otra persona, ya que los competidores potenciales pueden estar (y probablemente están) justo atrás. La única diferencia habrá sido que tomaron medidas cuando no lo hiciste.

Sé un Gran Emprendedor

Tony Robbins, el orador y empresario motivacional que transformó su influencia en un imperio de negocios de miles de millones de dólares, implora, *"El éxito viene de tomar la iniciativa y seguir persistiendo."*

¿Qué acción simple podrías tomar hoy para producir un nuevo impulso hacia el éxito en tu vida? El logro toma medidas estratégicas diariamente. Esto no significa acción por el bien de la acción. Siempre tiene que haber un plan. Pero un plan perfecto no vale la pena esperar.

Una última súplica para los conversos: *"El éxito llega a la persona que hace hoy lo que estabas pensando mañana,"* —Anónimo

Como Mejorar la Toma de Iniciativa:

1. Reconoce que ser el primero tiene sus recompensas.

2. Reconoce que seguir adelante es mejor idea que esperar una idea perfecta.

3. Deja de postergar en general. Afectará negativamente a tu liderazgo.

4. Pregúntate si el proyecto o iniciativa que estás considerando actualmente se beneficiaría de una acción más rápida.

5. Determina qué iniciativa tendría el mejor resultado si tomaras medidas inmediatas al respecto y la vieras hasta su finalización.

4. ENFÓCATE

¿Cuántas personas saben que Steve Jobs pasó CUATRO AÑOS cortando productos sin éxito, reduciendo costos y mejorando las operaciones con Tim Cook, COO de Apple (ahora CEO), antes de lanzar el iPod? Saco TODO lo demás antes de que Apple pudiera empezar a innovar de nuevo, todo por una razón CRÍTICA: la necesidad del ENFOQUE.

El enfoque es la guía principal para los emprendedores más exitosos. Los trabajos identificaron "enfoque y simplicidad" como uno de sus mantras, diciendo, *"Simple puede ser más difícil que complejo: tienes que trabajar duro para que tus ideas sean limpias para hacerlo simple. Pero al final vale la pena porque una vez que llegues allí, puedes mover montañas."* A medida que te dispones a concentrarte y simplificar, debes saber que tienes un desafío por delante. Sin embargo, si tienes en cuenta las recompensas, podrás avanzar en el proceso fácilmente y terminaras con una máquina bien engrasada como negocio.

Por naturaleza, los emprendedores constantemente hacen una lluvia de ideas e innovaciones, lo que hace difícil saber cuáles merecen un enfoque singular y cuáles son mejor que no se exploren. Estas determinaciones pueden sentir un riesgo increíblemente alto, pero son necesarias para que una empresa prospere. Considera la sabiduría de Entrepreneur.com colaborado por Steve Tobak: *"... más, nunca es mejor. Mejor es mejor. Y lo mejor es incluso mejor que eso."* [2] Una vez que hayas adoptado esta filosofía, puedes centrarte en el negocio de dirigir tu negocio.

Al decir no a todas las ideas menos a una, construyes tu marca; construyendo tu marca, creas el futuro de tu negocio.[3] Como la historia del éxito de los startups de tecnológicas de Floyd DePalma nota, *"El caos y la palabra SI crean adrenalina. Pero la claridad y la palabra NO crean un verdadero sentido de propósito, mayores oportunidades, más éxito y en última instancia, mayor placer en el trabajo que haces. Los beneficios son extraordinarios."*[4]

Sé un Gran Emprendedor

Por suerte, al igual que un atleta puede entrenar para un evento específico o un resultado deseado, el enfoque es una habilidad que puede desarrollar y mejorar. Oliver Kharraz, fundador de Zocdoc, sugiere este método para mantenerse enfocado: *"Elige algo en lo que quieras pensar, y solo piensa en eso. No dejes que nada más entre en tus pensamientos. Al principio inténtalo durante cinco minutos, y sé que al igual que una maratón en el que empiezas con solo media milla, al final podrás hacerlo durante horas una vez que entrenes para ello."*[5]

La capacidad de enfocarse es una habilidad crítica para los emprendedores, ya que constantemente están resolviendo problemas, así como creando nuevas innovaciones; tu lista de tareas es interminable y la finalización de estas no es opcional. Tu capacidad para profundizar una idea o problema es una habilidad que se puede aprender—y puede marcar la diferencia entre el éxito y el fracaso. El orador y autor motivacional pionero, Zig Ziglar, implora, *"No me importa cuánta potencia, brillo o energía tengas, si no lo aprovechas y lo enfocas en un objetivo específico, y lo mantengas ahí, nunca lograrás tanto como tu habilidad lo garantice."*

Como Mejorar Tu Enfoque

1. Trata de recordar una hora o instancia en la que usted o su empresa estaban apuntando a demasiados objetivos y no lograron ninguno.

2. Prioriza lo que te proporcione la mayor recompensa por tu tiempo y atención.

3. Identifica cuál es la mayor recompensa para el enfoque de tu empresa.

4. Empieza a pasar tiempo en silencio, pensar y concentrate en objetivos singulares.

5. Manten frente a ti (en una pancarta, un diario, en el espejo del baño) el proyecto, iniciativa o meta que debería estar consumiendo tu enfoque.

5. LIDERAZGO

¡Liderazgo! Todas las organizaciones, del este al oeste, incluyendo negocios, afirman que lo necesitan, desde tropas de Boy Scout, hasta la élite 82 Airborne, a IBM, al Salvation Army. El denominador común entre todos estos grupos es que son exactamente eso—*grupos,* o más de una persona. Pero el liderazgo no se define fácilmente. Escribe "definir liderazgo" en Google y encontrarás 338,000,000 paginas. Busca libros sobre el tema a través de Amazon y te aconsejará que tienen más de 100,000 selecciones. *Tema popular, ¿eh?*

Nunca comenzarás y harás crecer un negocio de ninguna sustancia sin la habilidad de liderar a los demás. Voy a dar un paso más allá: no crecerás un negocio duradero si no produce líderes desde el interior. Las grandes empresas tienen un buen líder al frente. Los estilos pueden variar, pero estos individuos guían a la compañía hacia las direcciones necesarias y resisten las tormentas de oposición que se presentan. Pero lo que también hacen es crear un sistema y una cultura donde el liderazgo se desarrolle desde el interior.

¿Por qué desde el interior? Porque los miembros del equipo dentro de la empresa ya conocen su cultura e iniciativas importantes. Ya están a bordo. Tratar de traer líderes de afuera de la organización no solo es costoso, sino que se necesita mucho más tiempo para que un forastero entienda cómo operas y qué valores priorizas.

Sé un Gran Emprendedor

Los líderes toman decisiones que traen las *mayores consecuencias.*

Luego, al mando, establecen las prioridades e iniciativas que creen que tendrán el *mayor resultado.*

Durante la década de 1980, Jack Welch, CEO de General Electric, eliminó nueve capas de administración, exigió que las unidades de negocio fueran el número 1 o 2 en la industria (o los iba a vender), y redujo la nómina de 411,000 a 299,000 empleados. El hacha que utilizaba para cortar el personal era arrancar el 10% inferior de empleados cada año. Cuando tomó el timón en 1981, los ingresos de GE fueron de $27 mil millones y su capitalización de mercado fue de $14 mil millones. Cuando renunció en 2001, los ingresos fueron de $126 mil millones y la capitalización del mercado fue de $400 mil millones.[1]

Liderazgo significa tomar las decisiones críticas que dictan la muerte o la supervivencia de una empresa. Requiere confianza en tu capacidad para dirigir un negocio a través del cambio y en tiempos de crisis.

"He visto mi parte de ranas hervidas," dice Doug Yakola, comparando empresas en crisis con la rana metafórica que

no se da cuenta del agua que está calentando hasta que es demasiado tarde. Como director de reestructuración o director financiero de más de una docena de empresas en situaciones de cambios a lo largo de casi dos décadas, Yakola ha sido testigo de cómo los gerentes vuelven a una crisis sin reconocer que su situación está empeorando. *"No son malos gerentes, pero a menudo están trabajando bajo un conjunto de paradigmas que ya no se aplican y dejan que el poder de la inercia los lleve."* Y si no se dan cuenta de que se enfrentan a una crisis, tampoco sabrán que necesitan emprender un cambio.[2]

La inercia—en términos simples, "Si la ignoro, desaparecerá"— es una estrategia muy común para los empresarios débiles o inexpertos. Brian Tracy, autor de más de 70 libros sobre autodesarrollo, refuerza este pensamiento: *"Los líderes piensan y hablan de las soluciones. Los seguidores piensan y hablan de los problemas."*

Tendrás que ser decisivo como líder. Nadie quiere seguir a alguien que no puede tomar una decisión. Tendrás que ver hacia el futuro, tomando decisiones donde la respuesta no será clara, como cuáles oportunidades debe aprovechar tu empresa, o como de las que debe presindir. No puedes quedar paralizado cuando se presenta una oportunidad. Peter Drucker comparte, *"Cada vez que ves un negocio exitoso, alguien una vez tomó una decisión valiente."*

En algún momento, la supervivencia misma de tu negocio te requerirá a ti, el líder, trazar un nuevo curso o superar una amenaza para su supervivencia organizacional. El ex vicepresidente Dick Cheney advierte, *"Las amenazas directas requieren una acción decisiva."* Su capacidad para reconocer que una decisión debe tomarse AHORA y no puede ser retrasada porque seria crítica.

Juntos, estos puntos crean su fórmula de tres pasos para comenzar el viaje al liderazgo. Para conocer el camino, necesitas experiencia y conocimiento—esto lleva tiempo, pero se puede aprender. Liderar con el ejemplo. Y finalmente, muestra a los talentos potenciales jóvenes cómo pueden tomar las riendas. En el peor de los casos, pueden tener las riendas y tener un equipo de líderes capaces, es un crédito para cualquiera que se reúna y desarrolle un grupo de este tipo.

Como Mejorar Tu Liderazgo:

1. Acepta que es tu responsabilidad ser un líder si están iniciando, administrando o liderando un negocio.

2. Lee libros, escucha podcasts y toma seminarios sobre liderazgo. El liderazgo se puede aprender y mejorar.

3. Lidera con tu propio estilo. Sé auténtico. No tienes que *alardear* para ser un gran líder. Necesitas aprender a ser tú mismo y seguir siendo capaz de guiar a los demás.

4. No ignores problemas o decisiones críticas. ¡Sé decisivo!

5. Si es necesario, o si eres nuevo liderando, contrata o asóciate con alguien que pueda ayudarte en las áreas críticas.

6. PERSISTENCIA

El 13 de mayo de 2017, Martin Casado se dirigió a la clase de graduación de su alma máter, La Universidad del Norte de Arizona. Sus primeras palabras fueron probablemente una sorpresa para ellos. Primero, les dijo, *"No vas a cumplir tus objetivos."* Luego agregó, *"Vas a fracasar."* No es exactamente el discurso desavivado normal dado a una clase de graduación. Detalló, diciendo, *"Sólo encontré ciencias de la computación porque no podía hackearla como físico, y luego fracasé como estudiante de microbiología. Cometí muchos, muchos errores como el primer fundador de una empresa."* Sin embargo, Casado vendió esa compañía en 2012 por 1,260 millones de dólares. ¿Cómo es eso para un tipo que describe su vocación como su tercera opción? Bastante bien para alguien que admite varios episodios de fracaso.

Nos encantan las historias de personas que se vuelven grande en el mercado. Generalmente definimos a aquellos que tienen éxito como personas que inician un negocio que les da mucho dinero. Pero recordemos, aproximadamente el 90% de las startups ¡fallan! Esto no significa necesariamente que aquellos que fracasaron tuvieron una mala idea o eran malos empresarios. Muchos factores podrían haber causado su desaparición. Circunstancias que no podemos controlar juegan un papel en el éxito —o fracaso— de nuestros negocios. Todos podemos recordar vívidamente los efectos de la Gran Recesión, durante la cual más de *170,000 empresas fracasaron*.

Si has creado un negocio que está yendo muy bien, con balances sólidamente en el negro, ¡felicidades! Sin embargo, si alguna vez te derriban, la única solución es levantarte e intentarlo de nuevo. ¡Eso es persistencia! El fracaso de un negocio ciertamente no es un resultado deseado, pero estadísticamente, es mucho más probable que fracase a que tenga éxito.[1] Si eso te sucede, nunca rendirte es lo que realmente hace la diferencia entre un fracaso duradero y un contratiempo temporal. Winston Churchill aconsejó, *"El éxito consiste en ir de fracaso en fracaso sin perder el entusiasmo."* ¡Persistencia! Cuando una forma no tenga éxito, encuentra otra.

En su libro, *Failing Forward,* el autor John Maxwell toca el tema del fracaso y proporciona un nuevo paradigma para pensar en ello. Presta esta sabiduría: *"Falla temprano, falla a menudo pero siempre falla hacia adelante."* Esto es lo que hacen todas las personas exitosas, incluyendo los emprendedores. Los fracasos se hornean en el pastel de la vida, pero debemos aprender de nuestros errores, obteniendo conocimiento y dirección clara, y permitiendo que las lecciones aprendidas se conviertan en un catalizador para nuestro triunfo. En un panel de la *Celebración de Grace Hopper* de 2009, Nora Denzel, SVP de Intuit, aconsejó a los futuros empresarios que visualicen su carrera no como un "camino" sino como una "carrera de obstáculos." Si esperas que los obstáculos vengan y los veas como parte del viaje, no te sentirás intimidado por ellos.[3]

Sé un Gran Emprendedor

Un artículo de 2017 en Small Business CEO, The Importance of Persistence in Business, señala que muchas empresas fallan porque los propietarios y los principales responsables de la toma de decisiones en estas organizaciones se dan por vencidos muy facil y demuestran que no están dispuestos a hacer un esfuerzo adicional para que sus negocios tengan éxito.[4] Los líderes empresariales son los que se enfrentan a sus miedos y a obstáculos en el camino que finalmente establecen para asi hacer crecer los negocios más rentables y eficaces. Los líderes del mercado en cualquier industria son típicamente aquellos que son más innovadores y disfrutan asumiendo nuevos desafíos. Al ver los obstáculos que se interponen en su camino como desafíos, estas empresas demuestran la creencia de que ningún problema empresarial es imposible de superar.

Y no olvidemos la famosa persistencia de *"El Coronel,"* a quien se le dijo *"no"* 1000 veces. El coronel Sanders tenía 65 años cuando decidió que comenzaría a vender su pollo frito con su receta única. Sanders conducía por los EE.UU. con su traje blanco, tocando puertas y durmiendo en su auto. Pero no fue hasta 1964, a la edad de 90 años, que Sanders finalmente vendió Kentucky Fried Chicken a un grupo de inversionistas por $2 millones, que es $15.3 millones de dólares del hoy. La lista de aquellos que convirtieron el fracaso en éxito es casi infinita, porque el fracaso proporciona la experiencia crucial en el aprendizaje, perseverante, y finalmente el lanzamiento del éxito de aquellos que deciden nunca darse por vencidos. Todo gran emprendedor tiene un fracaso que puede compartir. En esas historias, escucharás lecciones aprendidas e innovaciones descubiertas que se convirtieron en parte de la génesis que llevaría a estas personas más lejos de lo que jamás habían imaginado. Napoleon Hill, el autor muy influyente de *Think and Grow Rich,* consolida el tema con, *"La paciencia, la persistencia y la transpiración hacen una combinación inmejorable para el éxito."*

Dan Pink ha dicho famosamente que *"la persistencia triunfa sobre el talento."* Afortunadamente, puedes aprender a ser persistente.

El talento a menudo es algo que uno tiene o no tiene en un área determinada de esfuerzo. La capacidad de nunca rendirse se aprende; es una mentalidad que se puede adoptar. Y es la base de todas las personas exitosas.

Como Crecer la Persistencia:

1. Decide ahora no renunciar a algo que estás decidido a lograr.

2. Reconoce que la persistencia tiene un pago: ¡ÉXITO!

3. Entiende que persistir en los pequeños desafíos te llevará a ser persistente en áreas de mayor importancia.

4. Piensa en algo que una vez abandonaste y de donde ahora desearias haber persistido.

7. TOMADORES DE RIESGOS

Walt Disney dijo una vez, *"Todos nuestros sueños pueden hacerse realidad, si tenemos el valor de perseguirlos."* Vamos a desempacar esta verdad. Otras palabras para el valor incluyen: audacia, asunción de riesgos y aventurero. Para lograr algo sustancial, debes hacer una apuesta por ti mismo. Sólo echa un vistazo a la lista anual de Forbes de los 400 estadounidenses más ricos para ver que los empresarios dominan abrumadoramente la lista. Un lugar en el top 100 aún no ha sido alcanzado por un médico o abogado.

Sé un Gran Emprendedor

La definición misma de emprendedor es una persona que asumió riesgos financieros. Un empresario que viene a la mente por este rasgo es Elon Musk. En un momento dado, después de la venta de sus acciones en PayPal, Musk tenía $200 millones en efectivo. En 2010, invirtió hasta el último centavo de esto en sus nuevos negocios, dejándolo personalmente en bancarrota o, en realidad, rico en activos y pobre en efectivo. Dice Musk, *"Mis ganancias de PayPal fueron de 180 millones de dólares. Puse $100 millones en SpaceX, $70 millones en Tesla y $10 millones en Solar City. Tuve que pedir dinero prestado para el alquiler."* ¡Eso es poner todo en juego!

Los empresarios a menudo se enfrentan a este tipo de dilema, pero Musk puso aún más en juego, pidiendo dinero prestado a sus amigos para cubrir sus gastos diarios, que eran $200,000 al mes. Y esto fue en un momento en que no había garantía de éxito para Tesla, ya que no fue hasta 2015, cuando la compañía recibió considerables subvenciones gubernamentales, que la marea se volvió para su empresa. No es de extrañar que Musk haya dicho, *"Toma riesgos ahora y haz algo audaz... no te arrepentirás."*[1]

Tendemos a ver la toma de riesgos negativamente, a

menudo considerándolo peligroso, incluso imprudente. Pero si bien algunos riesgos ciertamente no pagan, es importante recordar que algunos sí. Re-enmarcar el riesgo como una oportunidad para tener éxito en lugar de un camino al fracaso es algo que Sandra Peterson, CEO del negocio de $10 mil millones Bayer Crop Science, sabe bien. Ella le dijo a Forbes en 2011, *"La mayoría de las mujeres que conozco que han tenido éxito en los negocios, es porque han estado dispuestas a asumir el arriesgado desafío al que personas dirían, 'Oh, no estoy seguro de querer hacer esto'. Si miras mi carrera, he asumido muchos papeles arriesgados. Eran arriesgados para algunas personas, pero para mí era, '¡Guau, esto es genial!'"* [2]

No es que los emprendedores no tengan dudas o sentimientos de temor. Es normal y saludable tener algunas dudas sobre la toma de riesgos. Pero para tener éxito, deben mirar más allá de sus temores hasta el resultado final de su arduo trabajo, a la sensación de tener una visión realizada. Como revela la empresa de coaching empresarial Action Coach, *"Los emprendedores no son inmunes al miedo pero priorizan su acercamiento a la vida para que el miedo al fracaso, la frustración, el aburrimiento, la monotonia y el disgusto superen con creces el persistente temor al éxito."* [3]

Como el consultor de emprendimiento y profesor de Babson College Leonard C. Green siempre dice a sus estudiantes, *"Los emprendedores no son [sólo] los que toman riesgos. Son tomadores de riesgos calculados." Según Green, los tomadores de riesgos calculados son aquellos que avanzan hacia sus objetivos, manteniendo los ojos abiertos y encontrando "maneras de reducir el riesgo a medida que avanzan con sus negocios."* [4] Esta última pieza es muy importante: **Los empresarios exitosos toman un riesgo calculado en el que el éxito para ellos es probable, pero no está garantizado—donde la recompensa es mucho mayor que el sacrificio.**

Como Mejorar la Toma de Riesgo:

1. Toma un riesgo (donde la recompensa valga la pena).

2. Aprende a obtener las probabilidades de éxito a tu favor (debida diligencia, asociarse, etc.)

3. Tenga cuidado de ir todo en uno. Esto evitará que el riesgo sea catastrófico.

8. AUTOESTIMA

El autoestima es una creencia interior que una persona tiene en sí misma y en sus habilidades. No es una bravuconería falsa, sino un nervio central que permite a estas personas creer en sí mismas, en sus ideas y en su capacidad de convertir sus objetivos en realidad. Algunas personas exuden confianza; se puede sentir que irradia a medida que suben a un podio, hablando con una voz de autoridad y un vocabulario que inspira a un público. También se puede mostrar más sutilmente, pero todavía se reconoce fácilmente cuando tales individuos están tomando y explicando una decisión difícil. Independientemente de sus estilos peculiares, las personas seguras de sí mismas están en su mejor momento cuando los eventos son excepcionalmente difíciles. La persona segura de sí misma atrae a otros para unirse y ayudarla en su búsqueda.

El entrenador de negocios Cena Block dice, "La confianza en última instancia es uno de los factores distintivos clave en el nivel de logro que los individuos finalmente se dan cuenta." Block duplica esto, diciendo, "El arma secreta que distingue a los que tienen éxito de los que fracasan no es otra que la confianza en sí mismo." La tendencia de los líderes a mostrar confianza, que a menudo se ve como un optimismo extremo está respaldada por un estudio de la Fundación Kauffman en nombre de LegalZoom, que concluyó, "El noventa y uno por ciento de los empresarios confían en que sus negocios serán más rentables en los próximos 12 meses."

John Pierpont Morgan era un gran hombre. Más conocido como J.P. Morgan, fue un banquero y un icono financiero a principios del siglo XX. Con su sombrero de copa siempre presente, gran

Sé un Gran Emprendedor

circunferencia y penetrantes ojos grises, la confianza tocó de Morgan, no sólo en su apariencia, sino en su forma de hablar y en sus acciones. Primero demostró su conocimiento de negocios, cuando era un joven que trabajaba para su padre, se tomó la libertad de usar los fondos de la compañía para comprar un barco cargado de café que había llegado a puerto sin un comprador y luego obtuvo un beneficio vendiendo el café a los comerciantes locales.

Su confianza en sí mismo estaba en exhibición de nuevo cuando se convirtió en un magnate del ferrocarril, a mediados de los 30 años. Mientras los ferrocarriles de Pensilvania y Nueva York Central estaban en disputa, Morgan invitó a ejecutivos de las dos compañías a su yate, *el Corsair*. Una vez que estaban a bordo, anunció que el barco no llegaría a puerto hasta que los dos ejecutivos pudieran llegar a un acuerdo mutuamente beneficioso. El acuerdo se conoció como *el Compacto Corsario*. Morgan pasó a ser el cerebro de dos rescates del gobierno y creó la primera corporación de miles de millones de dólares—US Steel.

El emprendedor, cuando se infunde con una idea de startup, escuchará innumerables veces de los detractores que su idea 'nunca funcionará.' Sin embargo, el pionero de una idea seguirá adelante con un optimismo implacable, sabiendo que puede y hará que suceda. Para la persona que no posee este rasgo, tener éxito en casi cualquier cosa será poco probable, ya que es difícil perseverar en cualquier cosa que valga la pena lograr si usted no cree que tiene la capacidad.

Steve Jobs y Steve Wozniak eran sólo dos cerebritos que eran amigos. Cuando eran jóvenes, estaban interesados en la tecnología informática, así que construyeron su propia computadora. Estaban seguros de que podían hacer que una computadora fuera más fácil de usar para la persona promedio. Agregaron un teclado a su máquina y modificaron un pequeño televisor doméstico para que pudiera ser utilizado como monitor. Estaban seguros de que su computadora algún día sería un elemento básico en cada hogar, a pesar de los ingenuos que argumentaron que nunca habría un uso para computadoras domésticas. Uno de esos pesimistas era Ronald Wayne. Amigo de Jobs y Wozniak, Wayne poseía el 10% de la compañía cuando se fundó. Menos de un mes después, perdió la confianza en el producto y vendió su parte a Jobs y Wozniak por $800. Wayne carecía del rasgo de confianza, y por lo tanto perdió lo que valdría $72 mil millones hoy.[1]

Otro secreto para sentir y ejercer la confianza en sí mismo es *mantenerte dentro de tu fortalezas.* Conoce tus debilidades y trata de permanecer donde tengas tu mayor capacidad. Es difícil tener confianza en un área en la que eres débil o en la que tienes poca experiencia. A medida que alcances un logro tras otro, tu confianza en tí mismo crecerá. Esto proporcionará un "salón de la fama" de logros que puedes aprovechar para ganar confianza en nuevos y desafiantes retos. Finalmente, he aprendido, *"Muéstrame a un hombre sin confianza y te mostraré un perdedor cada vez."* — Sean Castrina

Como Crecer la Confianza:

1. Lleva un diario de tus propios logros pasados en el que puedas reflexionar regularmente.

2. Asóciate con personas que crean en ti y viceversa.

3. Asóciate con aquellos que tienen una visión positiva de las cosas.

4. Recibe orientaciones o tutorias para construir tu creencia en un área clave necesaria de fortaleza.

5. Intenta hablarte a ti mismo. Este es tu diálogo interior. Cuando hablas contigo mismo, ayuda a afirma tus cualidades positivas.

9. CREADORES DE EQUIPOS

El 1 de diciembre de 1913, Henry Ford instaló la primera línea de montaje para la producción en masa de un automóvil. Su innovación alteró drásticamente el tiempo que se tarda en construir un auto, reduciendo el proceso de más de 12 horas a sólo 2 horas y 30 minutos.[1]

La implementación de la línea de montaje muestra que Ford entendió el valor de la construcción en equipo. Y cosechó el botín de ese entendimiento. Sus ganancias alcanzaron su punto álgido en 1920, cuando, a la edad de 57 años, la portada de la revista

Sé un Gran Emprendedor

Forbes lo proclamó la persona más rica del mundo; su patrimonio neto cuando murió en 1947 era de $188 mil millones (ajustado por inflación).[2]

El cofundador de Apple Steve Jobs sienta las bases para entender este rasgo empresarial de élite cuando dice, "Las grandes cosas en los negocios rara vez las hace una persona. Son hechos por un equipo de personas." La lista de empresas legendarias que comenzaron con una asociación—es decir, un equipo—es llamativa. Incluyendo: Apple, Microsoft, Disney, Hewlett Packard y muchos más. Cada una de estas empresas tenían fuertes lideres, aunque asimismo sus socios también trajeron contribuciones indispensables a la mesa.

Los líderes entienden que dos son a menudo mejores que uno; esto refleja el comienzo de entender el valor de rodearse de otras personas que quieren ayudarte a tener éxito. Los emprendedores dotados son como un imán para el talento. Al principio, estos pioneros rara vez tienen los fondos para contratar a los que se necesitan para crecer su idea. Así que comparten su idea como evangelistas, convenciendo a la gente para unirse a ellos y participar en su misión. Las empresas multimillonarias pueden comenzar con la visión de un solo individuo, pero se necesita un equipo de personas con talento y determinación para hacer realidad esa visión. Cultivar cuidadosamente un equipo tenaz y

Sé un Gran Emprendedor

diverso es esencial para crear una empresa grande y exitosa. De hecho, a veces se dice que contratar grandes empleados es lo más importante que un fundador puede hacer. Como dice el escritor de negocios Drew Hendricks de los empresarios de élite, *"Se dan cuenta de que no es un espectáculo de un solo hombre y que tienen que rodearse de personas talentosas y afines de llenar los vacíos."*[3]

Reclutar a miembros del equipo que *congenien* es como armar un rompecabezas—tienes que ver el panorama más amplio para entender cómo encajan las piezas individuales.

El esfuerzo que pones en este proceso valdrá la pena. Un equipo eficaz será una fuerza imparable que impulsará el éxito de tu organización a largo plazo.[4]

Los líderes de los startups exitosos dominan tres fases de Creacion de Equipos:

1. Contrate a los empleados adecuados. Los ganadores saben cómo encontrar, seleccionar, contratar, entrenar, motivar, recompensar y retener a grandes empleados. Eliminan cuidadosamente a los trabajadores que no contribuyen.@[5] Promueven a los que lo hacen y reúnen al mejor equipo posible. Como Bill Gates ha descrito con respecto a Microsoft, *"Si no estuviéramos todavía contratando a grandes personas y avanzando a toda velocidad, sería fácil quedarse atrás y convertirse en una compañía mediocre."* Uno de los aspectos más críticos del crecimiento de cualquier negocio es contratar a las personas adecuadas. Hazlo bien, y es probable que la trayectoria de crecimiento de tu negocio continúe o se acelere. Si te equivocas, cada uno de tus pasos tentativos hacia adelante podría conducir a tres pasos atrás. Como señala Jonathan Jordan, **"es costoso, estresante y lento manejar las consecuencias de un empleado equivocado."**

2. Valorar a los empleados. Los ganadores de negocios también saben cómo mantener a los empleados felices y productivos. Los renombrados desarrolladores de negocios cuidan cuidadosamente a sus empleados como un pastor sobre su rebaño adorado. Son amables, respetuosos, alentadores—y altamente solidarios. Esta cualidad única puede ser una de las características más útiles y poderosas de un emprendedor galardonado.

3. Establecer una cultura ganadora. Según Simon Sinek, autor de best-sellers y pensador influyente en la creación de equipos exitosos, *"Los clientes nunca amarán a una empresa hasta que a los empleados les guste primero."*[6] Los emprendedores exitosos saben que los valores compartidos, las filosofías y los comportamientos se alinean y se combinan para determinar el éxito futuro de una empresa. Establecen una cultura positiva que inspira y motiva a los trabajadores.

Como ser Mejor al Crear Equipos:

1. Reconoce que necesitas ayuda para construir cualquier cosa grande.

2. Reconoce y acepta tus debilidades.

3. Contrata y asociate con personas que son fuertes donde tu eres débil.

4. Conoce todas las posiciones clave que necesitas llenar.

5. Crea una cultura de excelencia y diversión.

6. Recompensa y desarrolla a los miembros del equipo.

10. INTELIGENCIA

> *"Un hombre [o mujer] inteligente comete un error, aprende de él y nunca vuelve a cometer ese error. Pero un hombre sabio encuentra a un hombre inteligente y aprende de él cómo evitar el error por completo."*
>
> — *Roy H. Williams*

Permítanme ser claro, ser inteligente no tiene nada que ver con la educación, ya que la lista de los 10 mejores estadounidenses más ricos de Forbes está dominada por aquellos que *no terminaron la universidad*, sin embargo eran habiles para los negocios. Identificaron oportunidades que rápidamente podrían volverse rentables. También eran lo suficientemente inteligentes *como para saber lo que no sabían* y a menudo se asociaban con alguien o se rodeaban de expertos. Ser inteligente es a menudo saber lo que no sabes.

Los emprendedores inteligentes también tienen *la previsión* de ver amenazas que pueden ponerlos fuera del negocio y hacen los cambios para la supervivencia del negocio. Sin embargo, los testarudos (llamemos a estas personas los emprendedores tontos), no sólo no reconocen las amenazas a su negocio, no logran hacer los cambios necesarios para la supervivencia.

Los empresarios veteranos, para obtener este título, deben haber aprendido las lecciones necesarias que el fracaso enseña. Un fundador experimentado ha cometido muchos errores, pero lo más importante es que ha aprendido de estos y le ha permitido ser un pilar del conocimiento que han sido utilizados en futuros éxitos. Los fracasos que he sufrido son la clave del éxito.

El emprendedor tiene un apetito voraz por el aprendizaje, ya que se ha dicho que Warren Buffet, famoso inversionista, pasa el 80% de su día leyendo. Bill Gates nunca sale de viaje sin que su asistente cargue en su bolsa de viaje con no menos de 10 libros para leer y finalmente la estrella billonaria Shark Tank Mark Cuban ha hablado de leer de 2 a 3 horas cada día. ¿Ves el patrón desarrollándose? Un CEO promedio lee 60 libros por año en comparación a otras personas que solo leerán uno que otro libro después de su educación universitaria. Tu debes elegir ser un estudiante de por vida que decide mejorar diariamente. Como mínimo comprométete a entender mejor los negocios en general, el liderazgo y la industria en la que tu trabajas.

Me gusta compartir que "el fracaso se aprende mejor a través de una historia de segunda mano" y los libros te permiten leer y aprender sobre los fracasos de los líderes empresariales icónicos del pasado y del presente con la tecnología de hoy en día donde se puede escuchar podcasts y libros con una aplicación simple en tu teléfono. Sin mencionar los interminables seminarios web que están disponibles a un simple click. No hay excusa para no ser un aprendiz de por vida.

Te animo a comprometerte a desarrollar tu INTELIGENCIA, a ser inteligente en los negocios, a convertirte a ser hiper alerta a las oportunidades y las amenazas de tu negocio. Amplía tu área de especialización. Esto requerirá un compromiso de un aprendizaje diario donde tu careces de conocimiento y experiencia para ser lo suficientemente sabio para rodearte de los que atraen estos componentes. Y finalmente, aprende de cada contratiempo sabiendo que la lección se pagará a sí misma con dividendos al paso del tiempo. Finalmente vamos a aprender una lección de Bill Gates, "El éxito es un profesor pésimo, seduce a la gente inteligente introcudiendo el pensamiento de que no pueden fracasar..."

Hay que Repasar porque TU Necesitas desarrollar tu Inteligencia:

1. No dejes pasar las oportunidades.

2. Sé decisivo (basándote en la confianza de tu juicio).

3. Crea y ejecuta un plan.

4. Personas inteligentes atraen personas inteligentes

5. Sé innovador por naturaleza

6. Ve los cambios necesarios antes de la competencia.

Como Desarrollar tu Inteligencia:

Aprecia la inteligencia y la experiencia.

7. Reconoce que actuar con inteligencia tiene una recompensa.

8. Lee, asiste a seminarios y escucha podcasts sobre tu área de interés y fortaleza.

9. Reconoce que no puedes ocultar la estupidez. En algún momento tu falta de conocimiento te costará.

Recursos

Número de Identificación del Empleador
Interal Revenue Service (IRS)
irs-ein.tax.id.com

Dominios
GoDaddy
godaddy.com

Marketing Digital
Incluye Desarrollo Web, Posicionamiento SEO, Presencia Online
Gig Strategic
gigstrategic.com

Diseño Grafico
Logo, Guía de Estilo, Diseño del Libro
Michael Lovdal Marketing & Design
michaellovdal.com

Muestras de Plan de Negocios
Bplans
bplans.com

Servicios Legales Básicos
Para contratos básicos, acuerdos e incorporaciones.
Legal Zoom
legalzoom.com/articles/es

Nómina
Paychex
paychex.com
Paycor
paycor.com

Recursos

Banca
Siempre usa un banco ~local~ dónde puedes hablar con un agente de préstamos en persona.

Sitios Web para Encontrar Empleados
Indeed.com
Craigslist.com
Monster.com
LinkedIn.com
Glassdoor.com
ZipRecruiter.com
Ladders.com

Servicios Mercantiles
Recomiendo que uses el banco con el que tu empresa trabaja.

Patentes y Marcas
U.S. Patent & Trademark Office
usa.gov/federal-agencies/u-s-patent-and-trademark-office

Uniformes
Cintas
cintas.com

Consultoría Voluntaria de Negocios
SCORE
score.org

Descarga la versión interactiva en PDF del plan de negocios gratis en un enlace secreto que es solamente para los compradores de El Mejor Plan de Negocios del Mundo:

[¡Ve a la PÁGINA 14 de este libro!]

Notas Finales

Brinckmann, J., Grichnik, D., & Kapsa, D. (2010). *Should entrepreneurs plan or just storm the castle? A meta-analysis on contextual factors impacting the business planning–performance relationship in small firms.* Journal of Business Venturing, 25(1), 24-40. doi: 10.1016/j.jbusvent.2008.10.007

Ding, E., & Hursey, T. (2010). *Evaluation of the effectiveness of business planning using Palo Alto's Business Plan* Pro. Department of Economics. University of Oregon.

Burke, A., Fraser, S., & Greene, F. J. (2010). *The multiple effects of business planning on new venture performance.* Journal of Management Studies, 47(3), 391-415.

Hechavarria, D. M., Renko, M., & Matthews, C. H. (2011). *The nascent entrepreneurship hub: Goals, entrepreneurial self-efficacy and start-up outcomes.* Small Business Economics, 39(3), 685-701. doi: 10.1007/s11187-011-9355-2

Liao, J., & Gartner, W. B. (2006). *The effects of pre-venture plan timing and perceived environmental uncertainty on the persistence of emerging firms.* Small Business Economics, 27(1), 23-40. doi: 10.1007/s11187-006-0020-0

Businessdictionary.com

Investopedia.com

Notas Finales

REFERENCES FROM CHAPTER 12: BE A GREAT ENTREPRENEUR

1 – Motivado

1 https://www.linkedin.com/pulse/20140620185038-334219545-drive-determination-and-passion-three-keys-to-success-in-business-and-in-life 2 https://www.forbes.com/sites/ryanmac/2013/03/13/five-startup-lessons-from-gopro-founder-and-billionaire-nick-woodman/#5ab9b85e546e

3 https://www.forentrepreneurs.com/what-drives-great-entrepreneurs/

2 – Entusiasmo

1 https://www.forbes.com/profile/elon-musk/

2 "Western Union's Bad Call on the Telephone." National Geographic 100 Shocking Events Disasters, Scandals, and Misadventures That Made History. Jan. 2017 p. 10.

3 https://www.britannica.com/biography/Walter-P-Chrysler

3 – Tomando la Iniciativa

1 https://www.history.com/this-day-in-history/ford-celebrates-1-millionth-mustang

2 https://wheels.blogs.nytimes.com/2009/07/10/mustang-vs-camaro-wasnt-much-of-a-battle

3 https://www.juliusbaer.com/global/en/news-insights/news-insights-detail-page/item/first-movers-how-to-make-the-most-of-an-early-advantage/

4 https://www.quora.com/What-are-the-examples-of-First-mover-advantage-in-Startups

4 – Enfoque

1 https://medium.com/swlh/how-to-unlock-the-true-potential-of-your-business-7129277034d

2 https://www.entrepreneur.com/article/244742

3 https://www.entrepreneur.com/article/239096

4 https://www.prnewswire.com/news-releases/just-say-no-narrow-companys-vision-to-boost-all-stakeholders-204458411.html

5 https://www.entrepreneur.com/slideshow/286302#3

5 – Liderazgo

1 https://www.investors.com/news/management/leaders-and-success/jack-welch-built-ge-success-on-continuous-learning/

2 https://www.mckinsey.com/business-functions/strategy-and-corporate-finance/our-insights/ten-tips-for-leading-companies-out-of-crisis

Notas Finales

6 – Persistencia

1 http://www.businessinsider.com/vc-martin-casado-advice-grads-get-good-at-failure-2017-5

2 https://www.forbes.com/sites/neilpatel/2015/01/16/90-of-startups-will-fail-heres-what-you-need-to-know-about-the-10/#ad67e1666792

3 https://www.fastcompany.com/1638838/persistence-key-success

4 http://www.smbceo.com/2017/06/13/the-importance-of-persistence-in-business/

7 – Tomadores de Riesgo

1 https://in-business.org.uk/most-important-characteristics-of-an-entrepreneur/

2 https://www.huffingtonpost.com/2013/08/13/seven-reasons-why-risk-taking-leads-to-success_n_3749425.html

3 https://www.business.com/images/content/58a/d9f1f2f87b1207f720c3d/0-0-/

4 https://www.liveplan.com/blog/2017/02/why-risk-takers-are-winners-and-why-all-entrepreneurs-should-take-risks/

8 – Autoestima

1 https://www.macworld.co.uk/feature/apple/history-of-apple-steve-jobs-mac-3606104/

9 – Creadores de Equipos

1 history.com/this-day-in-history/fords-assembly-line-starts-rolling

2 https://en.wikipedia.org/wiki/List_of_wealthiest_historical_figures

3 https://www.inc.com/drew-hendricks/10-habits-of-the-successful-entrepreneur.html

4 https://www.entrepreneur.com/article/305418

5 https://www.forbes.com/sites/alanhall/2013/05/03/12-characteristics-of-wildly-successful-entrepreneurs/#2df63675147a

10 – Inteligencia

1 https://en.wikipedia.org/wiki/Bill_Gates

2 https://en.wikipedia.org/wiki/Elizabeth_Holmes and https://www.businessinsider.com/theranos-lays-off-about-100-employees-2018-4

Capacitaciones Adicionales

Sean tiene mas capacitaciones disponibles en
WorldsGreatestBusinessPlan.com
y también en
Training.SeanCastrina.com

Sobre el Actor

ENTRENANDO EMPRENDEDORES PARA EL ÉXITO

Sean Castrina es el autor bestselling de Greatest Entrepreneur in the World y 8 Rules for Business Startup Success. Sean ha contribuido a algunos de los medios de comunicación más reconocidos que incluye: Forbes, Inc., Money, también ha dado conferencias en algunas de las mejores universidades de los Estados Unidos.

Es un emprendedor que ha iniciado más de 20 empresas y actualmente es un C.E.O. Es el presentador de uno de los podcasts de negocios más escuchados de iTunes, The Ten Minute Entrepreneur.

¡Visita SeanCastrina.com
para mas consejos de negocios eseciales!

www.ingramcontent.com/pod-product-compliance
Lightning Source LLC
Chambersburg PA
CBHW070804290326
41931CB00011BA/2134